Angelika Schlotmann

Warum Kinder an Mathe scheitern

Wie man Rechenschwäche wirklich heilt

Über dieses Buch

Warum kommt nach neun zehn?

Wenn ein Kind an Mathe scheitert ist, das oft eine riesige Belastung für die ganze Familie. Betroffene befürchten, dass ein Kind, das siebzehn minus zehn nicht rechnen kann oder an den Fingern mühsam abzählen muss, wahrscheinlich zu „dumm“ ist. Die Autorin erklärt im vorliegenden Buch, warum dies nicht zutrifft.

Anhand von konkreten Beispielen erfährt der Leser Schritt für Schritt, wie er sein Kind mit der Wasserglasmethode® auch ohne Vorkenntnisse zu einem echten Verständnis mathematischer Logik anleiten kann. Erlebnisberichte und Reportagen aus der Praxis mit rechenschwachen Kindern ergänzen hier wirkungsvoll die einfach gestalteten Übungsanleitungen.

Die Autorin beschreibt schnell durchführbare Methoden zur Früherkennung einer Rechenschwäche und versetzt den Interessierten mit einem amüsanten Experiment in ein rechenschwaches Kind, damit er eigene Erfahrungen mit der Thematik machen kann. So liest sich das Buch wie eine spannend beschriebene Reise von den Anfängen des logischen Denkens bis zu einem entwickelten Verständnis der mathematischen Sprache.

Angelika Schlotmann, geb. am 20. Juli 1968 in Graz, arbeitet seit 14 Jahren als Diplom-Psychologin und Psychotherapeutin.

Ende der 90er Jahre spezialisierte sie sich auf die Therapie der Rechenschwäche und gründete das Rechen-Therapie-Zentrum in Hirschberg an der Bergstraße. Seitdem setzt sie sich in zahlreichen Vorträgen und Projekten dafür ein, dass die Rechenschwäche rechtzeitig erkannt und effizient behoben wird.

Angelika Schlotmann

Warum Kinder an Mathe scheitern

Wie man Rechenschwäche wirklich heilt

SUPPERVERLAG

ISBN: 3-00-014667-9
2. überarbeitete Auflage 2007

www.supperverlag.de

Grafische Abbildungen: Angelika Schlotmann
Fotografie und Gestaltung Einband: Oliver Brenneisen
Design: aktivComm GmbH | www.aktivcomm.de
PrePress: aktivComm GmbH | www.aktivcomm.de
Druck: ABT Print und Medien | www.abt-medien.de

Dieses Buch widme ich in Liebe

meinem Mann *Frank*,
meinen Kindern *Daria*, *Timo* und *Fee*
und unseren beiden Hündchen *Maya* und *Pazifik*,
die auch zu unserer großen Familie gehören.

Kapitelübersicht

Was ist Rechenschwäche?

1. Was ist „Rechenschwäche“?

Diese Frage wird mir häufig gestellt. Um sie zu beantworten, verfasste ich eine Geschichte eines rechenschwachen Kindes, die das wiedergibt, was mir Betroffene in meiner rechentherapeutischen Praxis täglich erzählen.

Für Kinder wie „Simone“ habe ich dieses Buch geschrieben, für ihre Familie und für ihre Lehrer.

Ein „ganz normales“ Nachmittagsdrama

Simone ist 9 Jahre alt und besucht seit 4 Monaten die 3. Klasse.

Bis vor einem halben Jahr war Simone ein fröhliches, ausgeglichenes Kind. Nachmittags spielte sie mit ihren Freundinnen, sie erfanden Prinzessinnen-Geschichten, tobten im Garten oder gingen reiten und schwimmen. Auf die Frage, ob sie denn gerne in die Schule ginge, erzählte Simone noch im Sommer in etwa Folgendes: „Klar, Schule macht Spaß, in Deutsch bin ich sehr gut, das letzte Diktat war eine Eins, Sachkunde mag ich auch, Sport sowieso, in Religion singen wir viel, das gefällt mir, nur in Mathe, na ja, das ist so anstrengend und außerdem langweilig – immer alles auswendig lernen – Papa sagt, das habe ich von Mama und die Tante Gerda hätte auch nie richtig rechnen können. Mama war bei meiner Mathelehrerin, die haben beschlossen, ich müsste in den Sommerferien viel üben, dann wäre alles nicht so schlimm. Mit Mama habe ich dann wochenlang immer in der Badewanne und beim Autofahren die Einmaleinsreihen geübt. Das war ganz schrecklich, aber die letzte Arbeit war dann eine 2–3. In unserem letzten Urlaub haben Mama und Papa das viele Üben dann zum Glück vergessen.“

Jetzt steht Weihnachten vor der Tür und Simone sitzt, wie schon die letzten drei Monate, nach dem Mittagessen vor ihren Mathe-Hausaufgaben und stöhnt. „Mama, kommst du?“, ruft sie, denn allein zu rechnen, traut sich Simone nicht zu. „Also los!“, sagt die Mutter und rückt mit ihrem Stuhl etwas näher heran. Aus ihrem Tonfall hört man, wie genervt sie ist. Seit Simone in der Schule ist, sitzt die Mutter bei jeder Mathe-Hausaufgabe dabei und spielt Ersatzlehrerin, doch in den letzten Monaten ist es viel schlimmer geworden. Sie macht sich Sorgen, wie das weitergehen soll. Eigentlich will sie die Lehrerin auch gar nicht mehr sprechen, denn soll sie wirklich sagen, wie katastrophal die Rechenkenntnisse ihrer Tochter sind? Vielleicht kommt Simone dann niemals auf die Realschule und der Ehekrach mit Heinz, ihrem Mann, ist vorprogrammiert.

Auf dem Blatt stehen 15 Rechnungen der Sorte 295 + ... = 302

„Lies vor“, sagt die Mutter und Simone beginnt: „Zweihundertneunundfünfzig und ‚hmhmhm‘ ist dreihundertzwanzig.“ Die Mutter atmet tief durch und rät: „Simone, jetzt konzentriere dich mal, wenn du schön brav rechnest und Acht gibst, bekommst du vom Christkind vielleicht das tolle Märchenschloss, das du dir so wünschst.“

Simones Herz beginnt zu pochen, wie immer, wenn sie rechnen soll. Hat sie jetzt was falsch gesagt, nein ..., oder? Hoffentlich schimpft Mama nicht wieder, denn das Märchenschloss will sie auf alle Fälle. Also, vielleicht ist doch was falsch gewesen? Simone erinnert sich, dass sie oft Zahlen verdreht und liest erneut: „Zweihundertfünfundneunzig und ‚hmhmhm‘ ist dreihundertzwanzig.“ „Ist das dreihundertzwanzig oder dreihundertzwei?“, fragt die Mutter und tippt nervös auf die entsprechende Zahl. Simone weiß den Unterschied nicht, denn diese Zahlen sehen immer gleich aus, 5 schaut immer aus wie 5, aber es wird zuweilen anders gesprochen, mal sagt man fünf, mal heißt es fünfzig, komisch, aber wenn Mama schon so fragt, heißt es wahrscheinlich dreihundertzwei. Dreihundertzwei sagt sie nun zaghaft und etwas fragend.

Bei diesem fragenden Ton wird die Mutter stets rasend, reißt sich aber zusammen und sagt: „Also gut, jetzt rechne." Simones Herz klopft inzwischen stärker, denn jetzt kommt der Punkt ihres ständigen Versagens, jetzt soll gerechnet werden. „Zweihundert und dreihundert", denkt Simone, „ziemlich weit auseinander." Sie weiß das aus den Gesprächen der Erwachsenen über Geld. Also, da ist 100 dazwischen, das weiß sie auswendig. Simone überlegt, wenn sie jetzt hundert sagt, dann ist es bestimmt falsch, weil die Lehrer meistens Aufgaben geben, bei denen so blöde Zahlen rauskommen, die nicht so glatt sind, mit Nullen hinten. Simone beschließt, dass zu 100 hinten noch etwas dran muss, aber was? Mama sagt immer: „Schau genau hin!" Simone tut es und sieht die fünfundneunzig. Oder war es neunundfünfzig? Nein, fünfundneunzig. Simone sagt probeweise: „Hundertfünfundneunzig." Die Mutter meint, Simone habe noch nicht zu rechnen begonnen, sondern versuche erneut zu lesen und sagt: „Simone, ich habe gesagt, du sollst dich konzentrieren, das heißt nicht 195, da steht 295." Simone ist überrascht, 295 ist die Lösung? Na prima, wenn es so einfach ist, dann gehen die Aufgaben ja heute besonders schnell. Simone geht euphorisch zur nächsten Aufgabe über, die lautet 397 + ... = 405 und sagt: „Dann gehört hier 397 rein." „Was?" Die Mutter ist bestürzt. „Simone, wir rechnen hier oben die erste Rechnung, fang jetzt an zu rechnen."

Schade, leider doch nicht so leicht, denkt Simone und schweigt jetzt eine geraume Zeit, denn sie ist enttäuscht. Die Mutter hilft weiter: „Bis zum nächsten Hunderter, wie viel fehlt da?" „100", antwortet Simone bestimmt. „Nein, Simone", die Mutter versucht es erneut, „sieh mal, da sind doch schon 95 da, wie viel fehlen dann noch bis zum nächsten Hunderter?" 95 denkt Simone, gerade sagte sie, das heißt 295. Jetzt versteht Simone gar nichts mehr. Sie darf keine Fehler machen, aber die Mama schon.

„Wie heißt denn der nächste Hunderter?“, fragt die Mutter. Simone denkt: „Der nächste, der nach 300 kommt, ist 400“, und antwortet „400“. Die Nerven der Mutter sind zum Zerreißen gespannt. Sie widersteht dem Drang, Simone eine Ohrfeige zu geben, packt sie stattdessen grob an der Hand und kreischt: „Das haben wir schon hundert Mal geübt, 200, 300, 400, nach 295 kommt 300, mein Gott.“ Simone schießen ganz plötzlich Tränen in die Augen. Dann beginnt sie zu zählen, denn auf Zählen ist Verlass, mit zitterndem Stimmchen, „295, 300, 310, 320 fehlen“ – kurze Pause – Simone vergleicht noch mal an den Fingern: 295 ein Finger, 300 ein Finger, 310 ein Finger, 320 ein Finger – „fehlen 4.“

„Es fehlen 7“, sagt die Mutter, am Ende ihrer Kräfte angelangt. „Schreib hier 7 rein.“ Eigentlich wollte sie mit Simone an diesem Nachmittag ganz spontan noch zu einem Möbelhaus fahren und einen Teppich für den Flur kaufen. „Das wird wohl nichts werden“, denkt sie resigniert und bekommt einen Hass auf die Schule und auf die Lehrerin gleich dazu. Was die wohl den Kindern überhaupt beibringt den ganzen Vormittag? Es bleibt eben doch alles an den Müttern hängen.

Simone tut ihr Leid, zehn Minuten sind vergangen, eine Aufgabe ist gelöst und die nicht mal von Simone selbst. Es könnte jetzt noch 14-mal so lange dauern, bis sie fertig sind – 2 $^{1}/_{2}$ Stunden!! So geht das nicht.

Die Mutter tröstet Simone, nimmt sie in den Arm und sagt: „Eigentlich ist das ganz, ganz leicht, weißt du.“ Simone blickt ratlos und ungläubig. Ganz, ganz leicht soll das sein? Dann bin ich bestimmt dumm.

„Schau her“, beginnt die Mutter, „wir zählen jetzt laut zusammen 296, 297, 298, 299, 300, 301, 302, na, wie viele sind das?“ Simone zählt nach – 7 – Mama hat recht. „Na gut, jetzt die zweite Rechnung.“ Simone zählt beherzt, „405, 406, 407, 408, 409“ und fragt sich, wie sie das ohne 397 Finger schaffen soll. Außerdem dauert das bestimmt zu lange, sie bricht ab. „Warum fängst du denn jetzt bei der hinteren Zahl zu zählen an?“ fragt die Mutter, die nun nichts mehr schockiert. „Ich muss doch 405 und 397 zusammenzählen“, erklärt Simone ihren Gedankengang. „Nein, du musst sagen, wie viel fehlt, hochzählen Simone!“ Simone wundert sich, woher Mama das immer so genau weiß, einmal zusammenzählen, das war gestern bei den Hausaufgaben dran, heute hochzählen. Also gut: „397, 398, 399, 400, 410, nein, 401, 402, 403, 404, 405“ die Anzahl hat sie vergessen. Sie versucht es noch einmal, nach drei Zählversuchen kommt 9 raus. Die Mutter hilft: „Fast!“ Simone weiß, wenn es nicht 9 sind, so sind es vielleicht 10, oder 8 oder 7. Sie sagt gleich alle Ergebnisse, bei 8 hakt die Mutter erleichtert ein. „Richtig, weiter.“ Nach weiteren fünf Aufgaben ist eine Stunde vergangen und die Mutter diktiert nun die restlichen Ergebnisse, weil sie selbst absolut keine Lust mehr hat. Fertig.

Für den Ausflug zum Möbelhaus fehlt ihr inzwischen die Energie. Sie kocht sich einen Kaffee und Simone eine heiße Schokolade.

Die noch fehlende Textaufgabe soll Heinz abends mit Simone machen, beschließt die Mutter.

Doch das war vielleicht doch keine so gute Idee, denn die kleine Textaufgabe endet in einer Katastrophe für alle. Die Aufgabe lautet: „Tim hat 9 Schüsseln, in jeder Schüssel sind 60 Gummibärchen.“

Simone antwortet dem Vater nach geraumer Zeit: „Tim hat jetzt 69 Schüsseln“, und ist stolz, dass sie den Verzählfehler von heute Mittag nicht mehr gemacht hat.

Papa, der seinerseits noch angespannt von seinem gerade beendeten harten und stressreichen Arbeitstag ist, brüllt: „Simone, bist du verrückt, das kommt davon, weil du so faul bist und dumm!" Und zur Mutter sagte er: „Wenn ihr so weitermacht, kommt sie noch in die Sonderschule und daran bist du dann Schuld."

Die nächste Mathearbeit vor den Weihnachtsferien ist die Bestätigung: „Note 6". Darunter steht: „Simone, jetzt musst du aber wirklich anfangen richtig zu üben. Täglich mindestens eine halbe Stunde zusätzlich zu den Hausaufgaben!"

Unterm Christbaum steht das tolle Märchenschloss, aber so richtig freuen kann sich Simone nicht. Etwas drückt da ganz gewaltig im Magen.

Man kann Simone helfen. Man kann ihre Rechenschwäche beheben. Im vorliegenden Buch zeige ich Ihnen Schritt für Schritt, wie das gelingen kann.

Warum rechnen Kinder
mit den Fingern

und welche Grundfähigkeiten
benötigt ein Kind,
um richtig rechnen zu lernen?

acht

2. Warum rechnen Kinder mit Fingern und welche Grundfähigkeiten benötigt ein Kind, um richtig rechnen zu lernen?

Vor Jahrhunderten war die mathematische Logik einer relativ kleinen, manchmal elitären Gruppe vorbehalten und damit auch die Faszination der Welt der Mathematik. Heute hat sich das geändert. Die Gruppe der Rechenschwachen ist aber immer noch ausgeschlossen.

Aus meiner langjährigen Erfahrung weiß ich, dass jedes rechenschwache Kind für diese Faszination zugänglich ist, dass jedes Kind mit einer durchschnittlichen Begabung in der Lage ist, die Welt der Mathematik zu entdecken und zu begreifen. Es ist mir allerdings bewusst, dass der Weg dahin oftmals blockiert wurde und diese Blockaden nur mit Hilfe von wirksamen psychologisch-wissenschaftlichen Methoden beseitigt werden können. Darüber hinaus benötigt ein rechenschwaches Kind eine große Portion Mut, sich dem Thema zu stellen, vor allem dann, wenn es mit der Überzeugung aufwächst, es sei für derartige logische, komplexe, mathematische Zusammenhänge nicht gescheit genug.

Es ist mein Anliegen, Kindern mit meinen Methoden zu helfen, mathematische Bereiche klarer und einfacher zu verstehen und mit weniger Angst zu entdecken. Ich möchte sie in die Welt der Mathematik einführen und ihnen die Faszination der Logik begreiflich machen.

Die Rechenschwäche ist ein brisantes Problem, dem zunehmend mehr Aufmerksamkeit geschenkt wird. Immer häufiger liest man in Zeitungen und Zeitschriften Titel, die lauten: „Mathe ist das Hassfach der Deutschen" und „Kinder haben Bauchweh vor Mathematikarbeiten."

Mathematik ist das Fach, das uns am Abschluss einer qualifizierten Schulausbildung scheitern lässt, wie beispielsweise einem Abitur oder auch einem Realschulabschluss, ja oft sogar einem Hauptschulabschluss. Es sollte nicht verschwiegen werden, dass rechenschwache Kinder nicht selten sogar in einer Förderschule ihr schulisches „Ende“ finden, obwohl sie durchschnittlich begabt sind.

Welche Basisfähigkeiten werden für die Mathematik benötigt, welche sind entscheidend und über welche verfügen rechenschwache Kinder kaum oder gar nicht? Welche Fähigkeiten fehlen einem Kind wie Simone?

Normalerweise sind die allgemeinen **Schlüsselqualifikationen** für Begreifen, Verstehen und damit auch für Schulleistung in der Intelligenz begründet. Dazu gehören beispielsweise die *Konzentrationsfähigkeit*, das *Gedächtnis* und die *Strategien zum Filtern* von wichtiger Information aus der Fülle von Informationen des täglichen Lebens. Die Schlüsselkompetenzen sind selbstverständlich für alle Bereiche wichtig, die in der Schule gefragt werden und werden oftmals von Eltern, Erziehern und Lehrern auch gefördert und unterstützt. Wir schulen unsere Kinder im *Kurzzeitgedächtnis* und im *Langzeitgedächtnis,* dadurch dass wir ihnen Aufträge erteilen, die sie sich merken müssen, dadurch dass wir ihnen Geschichten erzählen, die sie uns wiedergeben. Wir fördern ihre *Konzentrationsfähigkeit* dadurch, dass wir sie zu interessanten Spielen und Aufgaben anregen, bei denen sie dann eine Zeit lang bleiben. Wir fördern die *Filterungsfähigkeit* oder Selektion von wesentlichen Fakten, indem wir ihnen vorleben, wie man bei einer Fülle von Informationen vorgeht, um das Wichtige daraus zu selektieren. Diese Kompetenzen sind zwar Voraussetzungen, aber oftmals nicht die entscheidenden Faktoren für das Erlernen der Logik und der Mathematik. Wie der Name Schlüsselkompetenzen bereits sagt, spielen sie in alle Fähigkeitsbereiche hinein. Hat ein Kind diese nicht genügend ausgeprägt, so wird es allgemein Probleme haben, im Leben und in der Schule zu bestehen und die Anforderungen zu erfüllen, die an es gestellt werden. Man wird hier keine isolierte Schwäche vorfinden, sondern eher eine generelle.

Dieses Buch allerdings behandelt die spezielle Schwäche, die unter dem Namen „**Dyskalkulie**" inzwischen einen großen Bekanntheitsgrad erlangt hat.

Die **Basiskompetenzen** für das rechnerische Denken grenzen sich von den allgemeinen ab. Sie können als *Kompetenz zum Verständnis von Mengen*, *Kompetenzen zum Erkennen und Nachvollziehen von Ordnungen*, *Strukturen*, *Relationen* und *Systematik* umschrieben werden.

Anhand von Situationen aus dem therapeutischen Alltag soll in den folgenden Kapiteln beispielhaft gezeigt werden, wie man Kindern mit der von mir entwickelten Wasserglasmethode® diese Kompetenzen spannend, spielerisch und unterhaltsam näher bringen kann. Übungsbücher ergänzen die Beschreibungen dieses Buches und sind im selben Verlag wie dieses Buch erschienen.

Wenn wir die Frage beantworten wollen, warum Kinder mit Fingern rechnen, sollten wir einige theoretische Überlegungen anstellen, die notwendig sind, um die spezifischen Zusammenhänge zu verstehen. Durch das Abzählen von Gegenständen lernen Kinder zuerst den **Ordinalzahlbegriff**, was so viel heißt wie eine *Rangreihe*, eine Platzierung, der 1. beim Rennen, der 8. im Sackhüpfen, der 15. Platz in einer Reihe von Kindern. Darunter verstehen wir das Zählen, das Abzählen, das zählende Rechnen. Dieses ordinale Zahlniveau ist sehr wichtig. Es ermöglicht Kindern in der Regel über das Zählen oder Abzählen einfache mathematische Prozesse zu begreifen. Allerdings ist dieses ordinale (zählende) Rechnen nur eine Vorstufe zum tatsächlichen, richtigen Rechnen. Der nächste Entwicklungsschritt des Kindes ist von entscheidender Bedeutung für das Begreifen der mathematischen Logik. Das Kind muss ein **kardinales Zahlsystem** über das ordinale stellen. Es muss erkennen, dass es nicht nur den 8. Platz, sondern auch die *Menge* 8 gibt, die aus 8 einzelnen Teilen besteht. Dies klingt so einfach, ist aber für schwache oder rechenschwache Kinder extrem schwierig zu begreifen.

Sehr häufig ist das fehlende Mengenverständnis dafür verantwortlich, dass sich eine Rechenschwäche entwickelt.

Das **Mengenverständnis** müssen wir zuerst schulen, um überhaupt Erfolge im rechnerischen Denken und in der mathematischen Logik zu haben, weil auf dem Mengenverständnis alle mathematischen Operationen und Prozesse aufbauen.

Es muss uns bewusst sein, dass mathematisches Versagen der Schüler nicht damit zu begründen ist, dass diese Schüler alle zu dumm oder zu faul sind, deren Eltern alle schlecht erziehen oder deren Lehrer alle unfähig sind.

Meistens liegt es daran, dass vor der Einschulung nicht ausreichend geprüft wird, ob alle Kinder diese komplexen Grundfähigkeiten besitzen, die zum Aufbau eines mathematischen Verständnisses wichtig sind. Wir gehen einfach davon aus, dass sie alle nötigen Fähigkeiten bereits ausgebildet haben. Wir lehren sie das Rechnen, ohne zu überprüfen, ob sie genug Rüstzeug und Handwerkszeug mitgebracht haben. Im Gegenteil – wir wundern uns, warum manche Kinder versagen.

Dazu fällt mir ein Beispiel ein, das ich immer wieder gerne erzähle: Zeigen Sie einem Vorschulkind oder einem gerade eingeschulten Kind 8 Finger und bitten Sie es, die Rechnung 8 minus 5 auszuführen. Hat das Kind den Begriff von Minus noch nicht erfasst, sagen Sie wegnehmen, also: „Zeige mir bitte 8 Finger und nimm 5 weg." Normalerweise würden wir erwarten, dass das Kind sehr leicht zu einer richtigen Lösung finden kann, indem es die fünf Finger einer Hand schließt oder wegstreckt und antwortet, dass 3 übrig sind. Hat ein Kind den kardinalen Zahlbegriff jedoch noch nicht ausgebildet, wird es dazu nur schwerlich in der Lage sein, weil es die 8 nicht als Gesamtheit, als Menge begreift, sondern nur als den 8. Platz, den 8. Finger (siehe Zeichnung).

Dies ist ein ernstes Problem, das sich dem rechenschwachen Kind stellt und es ist ein sehr unlogisches, kaum begreifbares System, denn auch die 5, die weggenommen werden muss, ist der 5. Platz, der 5. Finger.

In dem logischen System des Kindes ohne Mengenverständnis soll nun vom Mittelfinger der einen Hand (dem 8. Finger) der kleine Finger der anderen Hand (der 5. Finger) weggenommen werden. Ist dies überhaupt möglich? Ist die Lösung „0“? Ist es nur ein Bruchstück, weil der kleine Finger kleiner ist als der Mittelfinger? Es ist ein schier unlösbares Problem. Kinder begreifen schon im jüngsten Alter, dass dies sehr schwierig und für sie wohl offensichtlich unlösbar ist. Wenn sie dann zaghaft unrichtige Antworten geben wie „das geht nicht“ oder „null“, dann greifen oft Erwachsene ein und sagen: „Um Gottes Willen, ach Gott, schau doch mal! Da muss man doch 5 wegnehmen.“ Also nehmen diese Kinder die für sie nicht nachvollziehbare Logik der Erwachsenen an und zählen rückwärts von 8 die 5 hinunter, bis sie schließlich bei 3 oder auch bei 4 angelangt sind, je nachdem, ob sie den Mittelfinger, das heißt den 8. Finger, beim Hinunterzählen mitnehmen oder auch nicht.

Durch den Mangel an Mengenvorstellung bleibt diesen Kindern nur eine Strategie übrig, nämlich das *zählende Rechnen.* Dazutun oder plus bedeutet aufwärts zählen, minus oder wegnehmen bedeutet rückwärts zählen. Dies ist die einzige Strategie, die oftmals auch noch in der 6., 7., oder 8. Klasse angewandt wird. In höheren Zahlenräumen über 20 ist es für diese Kinder nur mit auswendig gelernten Rechenregeln oder dem schriftlichen Rechnen möglich, Aufgaben zu lösen.

Es sei nochmals darauf hingewiesen, dass Kinder, die noch kein Mengenverständnis ausgebildet haben, durchaus ihre eigene (ordinale) Logik besitzen. Sie sind in ihrem System nicht unlogisch. Sie wenden einfach ein untergeordnetes, ungeeignetes System an, mit dem sie leider schwerlich zu richtigen Lösungen kommen können. Eine Auflistung soll nochmals die (früh)kindliche Entwicklung der mathematischen Logik anhand der Zahlniveaus verdeutlichen:

Nominales Zahlniveau:
Duales Zahlenbild bestehend aus mehr/weniger, links/rechts, oben/unten, vorne/hinten, ja/nein, 0/1.

Ordinales Zahlniveau:
Zählendes Erfassen von Mengen wie 1, 2, 3, 4, 5, 6, ... der 6. Platz, Reihenfolge, Abfolge, erkennen, welche Zahl größer ist. Der Abstand zwischen dem 1. Platz und dem 2. Platz kann im Vergleich zum Abstand des 2. Platzes zum 3. Platz ganz unterschiedlich groß sein.

Kardinales Zahlniveau:
Erkennen von Mengengrößen, die Menge 5 besteht aus 5 Teilen. Alle 5 Teile sind ein Bestandteil der Bezeichnung „5". Sagt man zum Beispiel „5 Autos", meint man nicht das „fünfte Auto", sondern alle 5 Autos als Gesamtheit.

Relationales Zahlniveau:
Jeder Teil der Gesamtheit hat eine gleiche Gewichtung oder eine gleiche Größe. Der Abstand der Menge 2 zur Menge 3 ist beispielsweise gleich groß, wie der Abstand der Menge 5 zur Menge 6. Der Abstand der Menge 5 zur Menge 7 hingegen ist doppelt so groß, wie der Abstand der Menge 5 zur Menge 6. In der Statistik bezeichnet man dies als eine Intervallskalierung. Allen Intervallen liegt dieselbe Abstandsskala zu Grunde.

Durch die Intervallskalierung kann man Mengen in Beziehung zueinander setzen und damit komplexere mathematische Probleme lösen. Beispiele dafür sind Prozente, Brüche und Verhältnisse. Aber auch für einfache mathematische Zusammenhänge benötigen wir dieses relationale Zahlverständnis. Wenn wir eine Menge 6 verdoppeln sollen, gelingt dies logisch nur dann, wenn wir davon ausgehen können, dass die erste Menge 6 genauso viel Gewicht hat wie die zweite Menge 6. Dasselbe Prinzip gilt für das Teilen. Dieses Prinzip ist viel wichtiger, als gemeinhin angenommen wird. Es muss unbedingt mathematisch erklärt werden, besonders, wenn wir uns vergegenwärtigen, dass die Gegenstände des täglichen Lebens oft nicht diesem Grundsatz entsprechen. Verdoppelt man etwa eine

Menge von 6 teuren Sportwagen mit einer Menge von 6 kleinen Stadtautos, würde der Käufer wohl kaum zufrieden sein, obwohl die Rechnung stimmt! Auch in Textaufgaben wird dies oft nicht genügend erwähnt oder erklärt. Woher soll der Schüler wissen, dass alle Bonbons, die da verteilt werden sollen, die gleiche Farbe haben und gleich gut schmecken! Bezieht man diese Fakten mit ein, würde man eine Menge von 8 Bonbons auf zwei Kinder vielleicht gerechterweise nicht in 4 und 4, sondern in 5 und 3 teilen, weil nämlich ein leckeres Bonbon mehr „wert" ist als zwei weniger leckere Bonbons.

Ein Kind benötigt für ein gutes mathematisches Verständnis alle aufgeführten Zahlniveaus und eine entsprechende logische Erklärung des mathematischen Fachvokabulars und aller mathematischen Annahmen. Eine Textaufgabe könnte dann lauten: „Die Mutter verteilt 8 gleiche Bonbons, die gleich gut schmecken, auf Max und seinen Bruder. Wie viele erhält Max, wie viele erhält sein Bruder, wenn die Mutter gerecht ist und kein Kind benachteiligt?"

Ein Kind erlernt die verschiedenen Zahlniveaus in der Regel im Laufe seiner kindlichen Entwicklung. Ein normal begabtes Kind ohne Rechenschwäche verfügt über die nominalen, ordinalen und kardinalen Basiskompetenzen bereits im Vorschulalter. Die relationalen Kompetenzen, das mathematische Fachvokabular und seine Grundannahmen entwickeln sich meist erst im Laufe der Schulbildung.

Rechenschwache Kinder hingegen verfügen im Vorschulalter maximal über nominale und ordinale Kompetenzen, nicht aber über kardinale!

Dies ist der Grund, warum Kinder mit den Fingern rechnen, warum sie kein Mengenbild ausbilden, das ihnen einfaches Kopfrechnen ermöglichen würde.

Ohne die Kompetenz der Mengenvorstellung sind Menschen allgemein nicht in der Lage „im Kopf“ zu rechnen. Sie benutzen dazu Zählhilfen, wie etwa die eigenen Finger oder sie zählen „im Kopf“.

Der Mangel an Verständnis für die Hintergründe der Rechenschwäche wird an den Materialien deutlich, die man rechenschwachen Kindern als Hilfestellung zum Erlernen des Rechnens anbietet. Es zeigt sich, dass wir mit den teuren, kommerziell produzierten Materialien, aber auch mit den billigen, selbst hergestellten Materialien, wie beispielsweise dem Abakus, den Steckwürfeln, den Hundertertafeln, den Gersterpunkten im Zehnerfeld, den Hotelgästen im Kieler Zahlenhaus, den Kastanien, Murmeln, Gummibären, Eiern im Eierkarton, Zügen und Perlchen auf einer Schnur und vielem mehr, niemals garantieren können, dass Kinder die Menge sehen und nicht über Abzählen nur den ordinalen Zahlbegriff verwenden und trainieren wie z.B. beim 8. Platz.

Wir benötigen ein Material, das uns der Mengenlogik näher bringt.
Für rechenschwache Kinder ist nur ein Material geeignet,
das Abzählen nicht erlaubt.
Wir benötigen ein Material, das nicht abzählbar ist.

Für eine erfolgreiche Rechentherapie ist es deshalb von entscheidender Bedeutung, dass wir geeignete Materialien und Techniken benutzen.

Außerdem wird klar, dass Lehren, Lernen und Üben auf einem Zahlniveau, über das ein Kind noch nicht verfügt, keinen Erfolg haben kann! Im Gegenteil, ein Kind lernt dadurch täglich (finger-)zählendes Rechnen, ein System, das wir uns nicht wünschen, weil es ineffektiv ist.

Außerdem lernt das Kind täglich, dass sein System nicht taugt, und weil es die Übersicht über die beschriebenen Zusammenhänge nicht hat, hält es sich vielleicht für dumm und unfähig.

Auch wenn wir es nicht sehen, erfragen oder erkennen können: Jedes rechenschwache Kind leidet nach meiner Beobachtung unter seinem Problem so sehr, dass es unverantwortlich wäre, ihm professionelle Hilfe zu verweigern!

Eine von mir Anfang 2007 durchgeführte Studie mit den diagnostischen Daten aus dem HAWIK III von 92 Dyskalkulikern bestätigte die Vermutung, dass die raumzeitliche Entwicklung von rechenschwachen Kindern häufig verzögert ist. Deshalb ist es von großem Vorteil, wenn das Material zur Therapie der Rechenschwäche zusätzlich die raum- zeitliche Wahrnehmung fördert.

Wie kann man Rechenschwäche erkennen?

zwanzig

3. Wie kann man Rechenschwäche erkennen?

Für eine umfassende, vollständige **Diagnostik** ist es unbedingt nötig, dass neben einer *Rechenbeobachtung* und einem *genormten Rechentest* auch die *allgemeine Intelligenz* eines Kindes erhoben wird. Diese *Intelligenztests* sind standardisierte Testverfahren und sollten von einem Fachmann (Psychologe oder Kinderpsychiater) durchgeführt und interpretiert werden. Sie geben Auskunft darüber, ob ein Schüler „normal" begabt ist oder generelle beziehungsweise teilweise Intelligenzschwächen hat. Wird eine allgemeine Minderbegabung eines Kindes durch einen Psychiater oder Psychologen festgestellt, dann und nur dann ist es auf einer Förderschule vielleicht besser aufgehoben. Bei der **Rechenschwäche** wird sich in der Regel eine *„normale" Intelligenz* und eine davon deutlich abweichende *Leistungsschwäche im rechnerischen Denken* zeigen. Diese Kinder sind in der Schule oft benachteiligt, weil sie zwar in allen Fächern „gut" sind, in Mathematik aber sehr hinterher hinken. Sie erreichen ohne qualifizierte Therapie meistens nicht den ihrer allgemeinen Intelligenz entsprechenden Schulabschluss.

Hat man durch einen Intelligenztest in einer Diagnostik beispielsweise einen Intelligenzquotienten (IQ) von 100 (das entspricht genau dem Durchschnitt) ermittelt, im Rechentest jedoch einen deutlich davon abweichenden, weit unterdurchschnittlichen Wert erzielt, besteht zwischen den allgemeinen Leistungen und der Rechenleistung eine deutliche Diskrepanz.

Man spricht in der Diagnostik auch von der **Diskrepanzhypothese**. Nur auf Grund einer solchen Diskrepanz ist eine Rechenschwäche diagnostizierbar.

Manchmal ist die Rechenschwäche auch auf andere Faktoren zurückzuführen, die der Fachmann während seiner Diagnostik entdeckt. Dazu zählen die Konzentrationsschwäche, die Merkfähigkeitsschwäche, die fehlende allgemeine Logik oder ein genereller Mangel an Intelligenz. Wird ein solcher Leistungsmangel entdeckt, muss die Therapie an diesen Defiziten ansetzen. Man spricht dann unter Umständen nicht von einer Rechenschwäche, wenn die diagnostischen Werte nicht mehr den nötigen Abstand zueinander haben. Da dies den Rahmen des vorliegenden Buches sprengen würde, beschränke ich mich auf die „klassische" Rechenschwäche, die nur aufgrund mangelndem rechnerischen Denken besteht und bei der alle anderen Fähigkeitsbereiche „normal" oder durchschnittlich ausgeprägt sind.

In der Praxis macht die klinische Definition der Diskrepanzhypothese zur Diagnose einer Rechenschwäche manchmal Probleme. Nicht immer entsprechen die Schwächen des Kindes dieser Definition, die die Diagnose „Rechenstörung" laut Richtlinien der Weltgesundheitsorganisation (WHO) erlaubt. Gerade bei jüngeren Kindern zwischen 6 und 8 Jahren ist der Unterschied zwischen Rechenleistung und Gesamtintelligenz häufig noch nicht ausgeprägt genug. Trotzdem haben solche Kinder oftmals eine Rechenschwäche. Das liegt daran, dass die Rechentests, die zur Diagnose verwendet werden, niedrige Zahlenräume abprüfen, in denen Kinder durch fingerzählendes Rechnen und Auswendiglernen genügend richtige Ergebnisse erzielen, obwohl ihnen die Grundfähigkeiten zum rechnerischen Denken fehlen. Man kann durch Hochzählen die Rechnung 9 + 8 richtig lösen ohne einen Mengenbegriff ausgebildet und das Dezimalsystem begriffen zu haben. Leider wird immer noch vielerorts eine Diagnostik betrieben, die meiner Meinung nach neuestes Wissen nicht genügend einbezieht. So ist das Risiko einer Fehldiagnose viel zu hoch! Wir nehmen den betroffenen Kindern die Chance, ihre meist noch rasch und leicht behebbare Rechenschwäche in jungen Jahren zu therapieren, weil wir zu wenig effiziente Diagnosekriterien besitzen.

Ohne die Hilfe des Psychologen oder Psychiaters können Sie nur eine ungefähre, unvollkommene Diagnostik durchführen. Sie können keinen Intelligenztest machen. Lassen Sie sich jedoch nicht davon abschrecken. Eine Rechenbeobachtung darf jedermann, auch ein Nichtfachmann durchführen. Haben Sie durch eine Rechenbeobachtung Indizien für eine Rechenschwäche gefunden, sollten Sie das Kind vor unnötigem Druck und massivem Üben bewahren! (Lesen Sie dazu auch das Kapitel „geeignete Techniken".) Außerdem sollten Sie unbedingt einen Termin beim Fachmann ausmachen. Da man auf solche Termine generell lange warten muss, ist es sinnvoll die Zeit bis dahin mit geeigneten Hilfestellungen für das betroffene Kind zu nutzen.

Das größte Problem rechenschwacher Schüler ist, dass ihre Rechenschwäche meist viel zu spät entdeckt wird.

Man darf hoffen, dass sich in der gängigen diagnostischen Praxis in den nächsten Jahren einiges zum Besseren für betroffene Kinder wendet, sodass man die Rechenschwäche frühzeitig entdecken kann und ihnen damit Leid erspart.

Ohne therapeutische Hilfe können rechenschwache Kinder auf Grund ihrer Defizite vom aktuellen Schulunterricht nicht genügend profitieren und so wächst die Zahl der mathematischen Lücken. Diese muss man dann erst wieder füllen, nachdem man die mathematischen Basisfähigkeiten aufgebaut hat. Ein rechenschwacher Schüler der 5. Klasse muss also nicht nur die Basisfähigkeiten der Mathematik erwerben, er muss in der Therapie auch den gesamten Schulstoff der ersten vier Grundschuljahre aufholen und verstehen, ehe er in der Lage ist, dem aktuellen Unterricht zu folgen und entsprechende Leistungen, die der 5. Klasse angemessen sind, zu erbringen.

Je eher eine Rechenschwäche erkannt wird, desto größer sind die Chancen, dass sie auch behoben werden kann.

Die wenigsten Kinder haben jedoch das Glück, dass ihre mathematischen Fähigkeiten schon im Kindergarten überprüft und gefördert werden. Dies ist eines meiner aktuellen Projekte, das unter dem Kapitel „Frühförderung" näher beschrieben wird.

Bevor Sie mit der Rechenbeobachtung anfangen, ist es sinnvoll festzustellen, welchen Mathematikstoff das Kind nach Vorgabe der Lehrpläne bereits beherrschen muss und welche Basiskompetenzen dafür nötig sind.

Hier finden Sie eine Übersicht dazu:
Am Ende der *Kindergartenzeit* sollte ein Kind das nominale Zahlniveau (links/rechts, oben/unten ...), das ordinale Zahlniveau (größer/kleiner, zählen bis 20 oder bis 100 ...) und das kardinale Zahlniveau (Mengenvorstellung) im Zahlenraum bis 10 erfasst haben. Außerdem sollte ein Kind kleine Textaufgaben aus bekannten Handlungen mit Zahlen bis 5 lösen können, wie zum Beispiel: „Du hast 4 Gummibären und dein Freund nimmt dir 3 weg. Wie viele hast du noch übrig?"

Am Ende der *ersten Klasse* sollte ein Kind aufbauend, auf frühkindlichen mathematischen Fähigkeiten, die Plus- und Minus-Logik verstanden haben. Es sollte im Zahlenraum bis 20 sicher und zügig im Kopf rechnen können. Die Konzepte von Verdoppeln und Halbieren sollten ihm geläufig und auf Zahlen anwendbar sein. Dies setzt ein erstes Verständnis des relationalen Zahlniveaus voraus. Um die Verdoppelungslogik anwenden zu können, muss ein Kind die Wertigkeit der Zahlenmenge auf eine andere Zahlenmenge übertragen können. Soll es 8 verdoppeln und damit 16 erhalten, muss es wissen, dass die beiden Mengen gleich viel wert sind oder gleich schwer sind.

Am Ende der *zweiten Klasse* sollte ein Kind zusätzlich auch die Mal- und Geteilt-Logik verstanden haben und im Zahlenraum bis 100 alle vier Grundrechenarten im Kopf lösen können. Es sollte die Uhr mit Zeigern lesen können.

Am Ende der *dritten Klasse* sollte ein Kind alle vorher aufgelisteten Fähigkeiten besitzen und im Zahlenraum bis 1.000 einfachere Plus- und Minus-Aufgaben im Kopf, schwierigere schriftlich lösen können. Es sollte die Lösung schwierigerer Mal- und Geteilt-Aufgaben aus dem Einmaleins ableiten können und auch abschätzen können, wie das Ergebnis ungefähr lauten könnte (zum Beispiel 270 mal 3; das ist etwa soviel wie 300 mal 3, oder 50 passt in 360 etwa 7-mal). Es sollte mit den Maßeinheiten für Länge, Gewicht, Geld und Zeit umgehen können.

Am Ende der *vierten Klasse* sollte ein Kind neben allen eben beschriebenen Fähigkeiten alle vier Grundrechenarten im Zahlenraum bis zur Million schriftlich beherrschen, auch Dezimalzahlen oder schwierige Multiplikatoren und Divisoren sollten dabei kein Hindernis sein. Anspruchsvollere Textaufgaben mit zwei oder mehreren Rechenschritten, verschiedenen Maßangaben oder einfache Verhältnisaufgaben (Dreisatzaufgaben) sollten gelöst werden können. Darüber hinaus erwartet man erste geometrische Grundkenntnisse von Quadrat, Rechteck, Kreis, Würfel und Quader.

Ist das Kind, das getestet werden soll, zum Beispiel seit sechs Monaten in der dritten Klasse, testet man alle Bereiche ab, die für das Ende der ersten und zweiten Klasse vorgegeben sind. Die Bereiche der dritten Klasse müssen von dem Kind noch nicht unbedingt einwandfrei gekonnt werden.

Zeigen sich bei der Testung deutliche Defizite in den jeweils bereits absolvierten Klassen und ist dies nicht auf andere Faktoren wie Minderbegabung, Wahrnehmungs-, Konzentrations- oder Gedächtnisschwäche zurückzuführen, handelt es sich um eine Rechenschwäche. Laut den Diagnostikrichtlinien müssen diese Defizite mehr als zwei Standardabweichungen unter dem Durchschnitt liegen, das bedeutet, dass die Leistungen des Kindes im Rechnen so schlecht sein müssen, dass 90 von 100 Kindern gleichen Alters und gleicher Klassenstufe besser abschneiden.

Für den Laien ist der Hinweis auf eine mögliche Rechenschwäche dann gegeben, wenn das Kind deutliche Defizite in mathematischen Bereichen hat, deren Klasse(n) es bereits abgeschlossen hat, in anderen Fächern wie Deutsch und Sachkunde jedoch (zum Beispiel laut Lehrerurteil) gute Leistungen in der Klassenstufe zeigt, in der es sich gerade befindet. Ein weiteres Indiz ist die Tatsache, dass das Kind nicht genügend von herkömmlicher Nachhilfe profitiert.

Nicht verwechselt werden darf eine qualifizierte Rechentherapie mit der herkömmlichen Nachhilfe. Die Nachhilfe ist eine Wiederholung des Schulstoffs, der eine Erarbeitung von Basisfähigkeiten nicht bieten kann. Da rechenschwache Kinder jedoch genau diese Basiskompetenzen der Mathematik erlangen müssen, um richtig rechnen zu lernen, profitieren sie kaum oder gar nicht von Nachhilfe. Tägliches Üben führt bei rechenschwachen Kindern nicht zum gewünschten Erfolg!

Geht ein Kind zum Beispiel in die dritte oder vierte Klasse, ist in anderen Fächern mit seinen Leistungen über dem Durchschnitt und beherrscht das Kopfrechnen im Zahlenraum bis 100 kaum, kann nicht genau erklären, was mal oder geteilt bedeutet, so ist die Sache relativ eindeutig.

Häufiger kommt es jedoch vor, dass die Eltern etwas im Zweifel sind, weil ihr Kind zwar im Einmaleins spitze ist, schriftliches Addieren und Subtrahieren gut kann, bei Textaufgaben jedoch oftmals versagt, bei Kopfrechenaufgaben ewig braucht oder bei Maßeinheiten gelegentlich unwahrscheinliche Antworten gibt, die niemals auch nur annähernd stimmen können. Hier müssen wir eine wichtige Unterscheidung treffen. Man unterteilt das mathematische Wissen in *Regelwissen* und *Basislogik.*

Beim **Regelwissen** kann man – wie der Name sagt – durch das *Anwenden von Regeln* Aufgaben lösen. Ich habe mir zum Beispiel gemerkt, wie das mit dem schriftlichen Addieren geht (bei den Einern anfangen, die 1 im Sinn behalten, bei den Zehnern weitermachen, die 1 im Sinn dazuzählen usw.) oder ich habe das Einmaleins zum Beispiel auswendig gelernt oder ich weiß auswendig, dass man beim Dividieren dieselbe Anzahl Nullen der beiden Zahlen einfach wegstreichen kann und anderes mehr.

Die **Basislogik** hingegen steht für das *Wissen hinter den Regeln.* Ich weiß nicht nur, wie die Regel beim schriftlichen Subtrahieren geht, ich weiß auch, warum das so ist, weil ich das Dezimalsystem verstanden habe und nachvollziehen kann, dass man sich zwar eine 1 ausleiht, wenn die obere Zahl beim Subtrahieren kleiner ist als die untere, dass dies aber in Wirklichkeit keine 1 ist, sondern eine 10 (oder 100) und so weiter. Ich habe mir nicht nur auswendig gemerkt, dass man zum Vereinfachen einer Division Nullen wegstreichen darf, sondern ich kann auch logisch erklären, warum dies funktioniert.

Mit dem *Regelwissen* kann ich theoretisch einen Vortrag über ein Thema aus der Atomphysik halten, den ich auswendig gelernt habe und solange keiner der Zuhörer Fragen stellt, sieht das vielleicht so aus, als wäre ich ein Physikgenie. Leider werde ich aber ohne Basislogik der Atomphysik niemals ein wissenschaftliches Experiment durchführen oder etwas auf diesem Gebiet entdecken oder erfinden können. Fakt ist: Es scheint so, als wäre ich auf dem Gebiet der Atomphysik bewandert, in Wirklichkeit weiß ich aber nahezu nichts darüber. In der Mathematik ist das ebenso:

Rechenschwache Kinder täuschen uns,
meistens nicht absichtlich oder bewusst,
mit ihrem Regelwissen darüber hinweg,
dass sie von der Basislogik der Mathematik
schlichtweg noch nichts verstehen.

Ein gutes Beispiel aus der Praxis ist das Einmaleins.
Das Kind beherrscht die Einmaleinsreihen sehr gut, weiß selbstverständlich innerhalb von Sekunden das Ergebnis der Rechnung 3 mal 5, ist aber leider nicht in der Lage mit Steinchen die Rechnung 3 mal 5 darzustellen. Es legt nicht – wie das logisch wäre – 3 Häufchen mit jeweils 5 Steinchen hin, sondern zwei Häufchen, eines mit 3 Steinchen, eines mit 5 Steinchen und ein Steinchen für das Mal in die Mitte!

Wenn sie also prüfen möchten, ob das Kind die Mal-Logik, die Basislogik, wirklich verstanden hat, reicht es nicht aus, ihm Einmaleinsaufgaben zu stellen, denn damit prüfen Sie möglicherweise nur auswendig gelerntes Regelwissen. Zuerst muss man die Basislogik an Handlungen oder durch Nachfragen überprüfen. Erst dann macht es Sinn, auch zu überprüfen, ob das Regelwissen verfügbar ist.

Regelwissen kann sehr schnell, mit etwas Training und durch Auswendiglernen erarbeitet werden. Wenn nur das Regelwissen fehlt, ist nicht von einer Rechenschwäche auszugehen, es kann durch etwas Fleiß und Übung leicht aufgeholt werden. Fehlt allerdings die Basislogik, wird dieses Kind – auch wenn es ein sehr gutes Regelwissen hat – in der weiterführenden Schule sehr wahrscheinlich nicht besser als maximal mit einer 3 oder 4 abschneiden. In einigen Fällen jedoch wird es mit 5 oder 6 abschließen. Dies zeigt die langjährige praktische Erfahrung.

Deshalb ist es für die Diagnose einer Rechenschwäche und auch für die Schulprognose unerlässlich, dass man nicht nur das Regelwissen, sondern auch die Basislogik überprüft.

In Gesprächen mit Grundschullehrern und Eltern werde ich oft auf die Sinnhaftigkeit des **Förderunterrichts** und das **nachmittägliche Üben** angesprochen. Man sucht nach Erklärungen, warum es nicht genügend hilft. Der Grund dafür ist häufig im Üben des Regelwissens zu finden. Die Basislogik wird zu selten oder mit unzureichenden Mitteln erarbeitet. Damit will ich nicht unterstellen, dass man sich zu wenig Mühe gibt, aber die verwandte Technik zur Vermittlung der Basislogik ist nicht optimal.

Ein Beispiel:
Die Mutter übt mit Eva in folgendem Stil: Sie hat ein Übungsbuch vorliegen, in dem viele Aufgaben der gleichen Sorte untereinander stehen und ausgerechnet werden sollen. Eva versteht die erste Aufgabe nicht. Die Mutter erklärt ausführlich und geduldig den Rechenweg, die Regel, mit der diese Aufgabe gerechnet werden soll. Anschließend rechnet Eva brav und angestrengt, denn sie ist ein fügsames und intelligentes Kind, alle anderen Aufgaben mit der gleichen Regel richtig aus. Die Mutter ist zufrieden. Eva kann es, sie hat es verstanden.

Hat sie es wirklich verstanden? Nein, wahrscheinlich nicht, denn sie hatte eine Regel präsentiert bekommen, die sie anwendete. Sie hatte keine Möglichkeit die Regel selbst herauszufinden und zu verstehen. Die Lehrerin ist mit der Leistung in der anschließenden Klassenarbeit nicht zufrieden. Eva hatte im Test keine Mama bei sich, die die Regel der ersten Aufgabe erklärt hätte. So wusste sie gar nichts mehr. Die meisten Aufgaben blieben unbeantwortet. Die Mutter wundert sich und sagt zu mir: „Ich bin nicht sicher, ob Eva eine Rechenschwäche hat. Zu Hause rechnet sie immer so gut und in der Klassenarbeit schreibt sie dann nichts hin!"

Ein anderes Beispiel:
Die Lehrerin, die an der Schule den Förderunterricht hält, übt mit Marie gerade folgende Aufgabe, die sie im Unterricht nicht verstanden hat. Sie lautet: „Auf dem Schulhof stehen in der Pause 12 Liter Kakao. Wie viele $^{1}/_{4}$-Liter-Tassen kann man damit füllen?“ Marie ist hilflos, die Lehrerin erklärt: „$^{1}/_{4}$ Liter ist der 4. Teil von einem Liter. Wenn du einen Liter in 4 Teile teilst, erhältst du $^{1}/_{4}$ Liter. Was meinst du, wie viele $^{1}/_{4}$-Liter-Tassen kann man mit 12 Litern füllen? Was musst du da rechnen?“ Marie kann die Einmaleinsreihen und sagt: „12 geteilt durch 4 gibt 3 Tassen.“ „Nein, pass auf“, sagt die Lehrerin, „jeder Liter gibt 4 Tassen.“ Sie macht eine Zeichnung von einem 1 Literkrug und 4 Tassen für Marie. „Der erste Liter gibt 4 Tassen, der zweite Liter gibt 4 Tassen und so weiter. Wie viele Tassen geben dann 12 Liter?“ „4 plus 12, also 16 Liter, äh, ich meine 16 Tassen.“ „Nein, sieh mal“, wiederholt die Lehrerin geduldig, „4 Tassen und wieder 4 Tassen und wieder 4 Tassen, das ist eine Malrechnung. Man muss mal nehmen, nicht geteilt oder plus!“ „Also 12 mal 4?“, fragt Marie etwas ungläubig. „Ja, genau“, antwortet die Lehrerin und demonstriert es nochmals an der Zeichnung. Marie soll es jetzt ausrechnen und noch fünf weitere Aufgaben von selben Typ üben. Die Lehrerin wendet sich anderen Kindern zu, die auch dringend ihre Hilfe benötigen, denn eine Stunde ist kurz. Marie rechnet ordentlich und fleißig alles richtig aus.

Was meinen Sie? Hat Marie dieses mathematische Problem verstanden? Was genau hat sie in der Förderstunde geübt? Welche Fähigkeiten trainiert sie?

Sehen wir uns die Erklärung der Lehrerin eingangs nochmals an. Sie sagte: „$^{1}/_{4}$ Liter ist der 4. Teil von einem Liter. Wenn du einen Liter in 4 Teile teilst, erhältst du einen $^{1}/_{4}$ Liter.“ Was hörte das Kind? 4. Teil, 4 Teile, teilen und was tat es? Teilen, 12 : 4, ist doch logisch oder? Aber dann ist es verwirrt, weil diese offensichtliche Logik wieder einmal nicht stimmte. Marie hörte „Teil" und wollte folgerichtig teilen. Das Problem hat sie nicht erfasst. Ein zugegeben nicht einfaches Problem! Man teilt und hat plötzlich 4-mal so viele Teile wie vorher!

Marie, die diesen gegenproportionalen Zusammenhang offensichtlich nicht durchschaute, merkt sich jetzt auswendig, dass man bei Liter und $^1/_4$ Liter malnehmen muss, obwohl man „teilen" hört.

Durch die Wiederholung der Aufgaben trainiert sie diesen unlogischen Merksatz. Hoffentlich ist sie nicht so intelligent, dass sie eine Übertragung auf andere Aufgaben ohne Liter macht und jetzt immer multipliziert, wenn sie „teilen" hört! Sie hat ein Regelwissen ohne Basislogik erworben, das ihr wahrscheinlich mehr schadet als nützt. Der Lehrerin darf man allerdings keinen Vorwurf machen: Ihre Erklärungen waren bildlich-anschaulich, sie hat sich bemüht, nicht getadelt und sich 15 Minuten alleine für Marie Zeit genommen. Die Erklärung der Lehrerin ist im Unterricht vielfach erprobt, andere Kinder verstehen das. Aber eben nicht rechenschwache Kinder wie Marie. Dafür würde die Lehrerin eine spezielle Ausbildung benötigen und mehr Zeit.

Am nächsten Schultag stellt die Lehrerin im Mathematikunterricht folgende Aufgabe: „Auf dem Tisch stehen 12 Gläser. In jedem Glas ist $^1/_4$ Liter Fruchtsaft. Wie viele Liter Fruchtsaft sind das insgesamt?" Marie meldet sich stolz, die Lehrerin ruft sie sofort. Marie antwortet: „12 mal 4 gleich 48; gibt 48 Liter." Einige Kinder lachen, die Lehrerin ist verzweifelt. Insgeheim hat sie ein wenig die Hoffnung verloren, dass Marie die Mathematik eines Tages begreifen wird. Sie wird eine Hauptschulempfehlung bekommen, obwohl sie in Deutsch recht gut ist, na ja, dann ist sie wenigstens in den nächsten Jahren nicht allzu überfordert, oder doch?

Was sagen wir Marie? Sagen wir ihr, dass man jetzt geteilt rechnet, obwohl man „insgesamt“, also plus, hört?

Die Praxis zeigt, dass dieses Thema ein bis drei Einzeltherapiestunden füllt. *Ein Beispiel zeigt, wie man vorgehen kann:*

Man prüft die Voraussetzungen, die Basis, das Wissen, das gegeben sein muss, damit Marie überhaupt eine Chance auf Verständnis hat. Folgende Voraussetzungen haben wir therapeutisch vorher aufgebaut, oder vorgefunden, bevor wir uns der eigentlichen Aufgabe widmen: 1. *Mengenverständnis* (aufgebaut), 2. *Relationales Zahlniveau* (aufgebaut), 3. *Mal- und Geteilt-Logik* (aufgebaut), 4. *Rechentechnik* (vorgefunden), 5. *Mathematisches Vokabular* (teilweise vorgefunden), 6. *Bildhafte Vorstellung von Texten und Zahlzusammenhängen* (aufgebaut). Dies dauerte etwa ein halbes Jahr.

Sodann haben wir mit der eigentlichen Problemstellung begonnen und folgende Punkte erarbeitet: 1. *Bedeutung und Schreibweise von einfachen Brüchen.* 2. *Die Fähigkeit, einen Gegenstand in 4 gleich große Teile zu teilen.* 3. *Teil-Ganzes-Beziehungen zwischen Bruchteilen und Ganzem.* Jetzt, nach drei weiteren Therapiestunden, sind wir in der Lage zu erforschen, wie es sich mit Liter und $^1/_4$-Liter-Teilen in der Praxis verhält. Wir können jetzt erste Handlungen mit $^1/_4$ Liter und Liter aus Texten umsetzen und nachspielen.

Wir setzen uns auf das Sofa und spielen Kaffeehaus. „Ich bestelle 2 Tassen Tee.“ Die Tasse, die wir uns aussuchen, fasst $^1/_4$ Liter. Wir überprüfen das mit einem Messbecher. Marie gießt die zwei Tassen voll. „Ist dein 1-Liter-Krug schon leer?“, frage ich. „Nein, noch nicht“, antwortet Marie. Wir bringen uns gegenseitig Bestellungen und schütten wieder alles zusammen in den 1-Liter-Krug, wir machen Erfahrungen. Wir tasten uns durch Handlungen langsam an die

Logik heran, finden heraus, wie es nicht geht, dann wie es geht, drehen die Fragen um, betrachten das Problem von der anderen Seite. „Jetzt sind zwei volle Krüge da. Lass uns die $^1/_4$-Liter-Tassen füllen. Was meinst du? Wie viele Leute können wir zum Tee einladen?“ Wir schütten, probieren alles aus. Als Nächstes ersetzen wir die Handlung durch Bilder, die wir versuchen „im Kopf“ zu sehen. Jetzt erst ist Marie in der Lage, die Komplexität des Grundproblems zu erfassen und sie versteht, warum man einmal teilt und einmal malnimmt. Sie erkennt, dass man andere Leute ganz schön reinlegen kann, je nachdem, wie man das $^1/_4$-Liter-Problem formuliert. Abschließend transferieren wir auf $^1/_2$ Liter und $^1/_8$ Liter und können beweisen, dass die gleiche Logik dafür benutzt werden kann. Keine Regel ist mehr nötig. Nichts muss auswendig gelernt werden.

Die Bilder sind *„im Kopf“* und können jederzeit abgerufen werden, egal, aus welcher Perspektive die Probleme gestellt werden. Jetzt macht es Spaß und alles ist logisch. Die Einführung des Bruchrechnens in der 6. Klasse hat Marie keine Schwierigkeiten bereitet. Sie hat gerade in eine Realschule gewechselt und ihre Chancen, auch in Mathe erfolgreich abzuschließen, stehen gut.

Die beschriebenen Beispiele zeigen uns deutlich, dass man schnell an Grenzen stößt, wenn man versucht, Regeln auswendig zu lernen. In herkömmlichen Rechentests findet man allerdings fast ausschließlich Aufgaben, die das Regelwissen überprüfen. Mit diesen Ergebnissen muss man sehr vorsichtig umgehen. Aufgrund unzulänglicher Rechentests und geringer praktischer Erfahrung mancher Fachleute kommt es immer wieder vor, dass gerade jüngere rechenschwache Kinder nicht entdeckt werden, obwohl sie sich testen lassen! Ich habe in den letzten vier Jahren in meiner Praxis mindestens 30 solcher Kinder gesehen. Es wird ihnen trotz fehlender mathematischer Basislogik keine Rechenschwäche bescheinigt, weil sie Regelwissen vorweisen können. Sie rechnen vieles richtig, obwohl sie nicht wissen, warum dies so ist. Wenn sie keine professionelle Hilfe bekommen, können sie keinen Schulabschluss machen, der ihren Fähigkeiten gerecht wird. Sie erhalten aufgrund der fehlenden Diagnose keine finanzielle Hilfe von der öffentlichen Hand. Die Jugendämter, die mit öffentlichen Geldern glücklicherweise in vielen Fällen solche professionellen Hilfen bezahlen, müssen die Gesetzeskriterien zur Übernahme der Kosten erfüllen. So lehnen sie einen Antrag ab, wenn die Diagnose „Rechenschwäche" nicht vorgelegt werden kann. Wenn die Rechenschwäche eines Kindes einige Jahre später dann doch diagnostiziert wird, ist es dem Staat nach § 35a des Kinder- und Jugendgesetzes möglich, Hilfe zu bezahlen. Jetzt wird es meistens sehr teuer. Man benötigt bei einem Kind ab der dritten Schulstufe drei- bis zehnmal so lange, bis eine Rechenschwäche behoben ist, als bei einem Kind in der Vorschule oder in der ersten Klasse. Dies bedeutet drei- bis zehnmal so hohe Kosten. Drei- bis zehnmal so wenige Kinder, für die das Geld reicht! Dies ist ein Teufelskreislauf, der gebrochen werden muss.

Es muss viel mehr betroffenen Kindern
viel früher geholfen werden!

Ich bin der Meinung, dass man betroffene Eltern und Lehrer besser informieren und ausbilden sollte. Neue, bessere Rechentestverfahren sollten die alten, herkömmlichen ablösen, damit rechenschwache Kinder früher und besser diagnostiziert werden können. Jugendämter wären dann auch in der Lage eine Rechenschwäche im Frühstadium zu bezahlen.

An dieser Stelle möchte ich auch noch auf den Zusatz „seelische Behinderung" eingehen. Die *seelische Behinderung* oder Beeinträchtigung ist gleichzusetzen mit dem emotionalen Leiden des rechenschwachen Kindes. Damit Jugendämter eine Kostenerstattung vornehmen können, müssen sie laut Gesetz zurzeit darauf bestehen, dass das jeweilige rechenschwache Kind auch genügend unter seiner Situation leidet. Zur Feststellung dieses Leidens wird das Jugendamt in der Regel einen Amtsarzt des Gesundheitsamtes oder einen Kinderpsychiater einer Klinik oder einen niedergelassenen Kinder- und Jugendpsychiater beauftragen. Der Arzt führt dann mit dem betroffenen Kind und manchmal auch mit dessen Eltern ein Gespräch, in dem er durch Fragen zur Situation des Kindes herausfinden möchte, ob das Leiden bereits groß genug ist. Wenn wir uns in die Situation betroffener Kinder einfühlen, wissen wir, dass jedes rechenschwache Kind unter seiner Situation leidet. Aus Erzählungen der Eltern über solche Arztgespräche gewinnt man den Eindruck, dass hier in manchen Fällen anscheinend keine eindeutig klassifizierten Kriterien zur Entscheidung herangezogen werden.

Eine Mutter erzählte mir beispielsweise, dass ihre 11 Jahre alte Tochter, die seit 5 Jahren schulisches Leid aufgrund ihrer Rechenschwäche erträgt, vom Arzt gefragt worden sei, ob sie Freunde habe. Glücklicherweise bejahte das Kind diese Frage. Durch diese und ähnliche Antworten attestierte der Arzt keine seelische Beeinträchtigung, obwohl mehrfach in unabhängigen psychologischen Gutachten belegt war, dass dieses Mädchen aufgrund ihrer Rechenschwäche eine massive Angststörung nach den Normen der Weltgesundheitsorganisation (WHO) für psychische Erkrankungen entwickelt hat. Bei einem außen stehenden Beobachter könnte der Eindruck entstehen, dass hier einige Willkür herrscht.

Vor einiger Zeit erzählte mir ein Elternpaar, dass man in einer Diagnostik eine Rechenschwäche ihres Sohnes definitiv ausschloss, ohne zuvor die Rechenleistung überprüft zu haben. Der Arzt soll auf Nachfragen der Eltern angegeben haben, dass er auch ohne objektive Testverfahren in der Lage sei, „per Augenschein" eine Rechenschwäche auszuschließen.

Doch auch wenn sich ein Fachmann in der diagnostischen Untersuchung auf die Ergebnisse standardisierter Testverfahren stützt, gibt es für das rechenschwache Kind viel zu viele Fallstricke. Der häufigste Grund, an dem eine Diagnose scheitert, ist immer noch die Tatsache, dass Kinder mit Auswendiglernen über ihre mangelnde Basislogik hinwegtäuschen können.

Lassen Sie sich also nicht von auswendig gelerntem Regelwissen des Kindes blenden.

Manche sehr intelligente Kinder kompensieren ihre mangelnde Basislogik über mehrere Jahre mit Auswendiglernen! So mancher Lehrer oder auch Elternteil hat sich davon schon täuschen lassen und einen Verdacht auf Rechenschwäche erst in der 4. Klasse oder gar erst in der 7. Klasse geäußert.

Die von mir erarbeitete Anleitung zur *„Rechenbeobachtung und Mengenbilderfassung“* wird empirisch auf ihre Tauglichkeit für die *Diagnose einer Rechenschwäche* geprüft und als Testmanual zur Feststellung beziehungsweise zum Ausschluss einer Rechenschwäche für Psychologen, Beratungslehrer und Ärzte in nächster Zukunft erhältlich sein. Dieses Testmanual wird sich von schon bestehenden dadurch unterscheiden, dass man damit zwischen Basislogik und Regelwissen differenzieren kann. Ein Kind wird anhand von altersentsprechenden Aufgaben nicht nur zeigen können, ob es etwas rechnen kann, sondern auch, ob es das, was es da rechnet, auch verstanden hat.

Auch in der *Rechenbeobachtung*, die jeder durchführen kann, ist es sehr wichtig, dass man nicht nur prüft, ob ein Kind etwas richtig ausrechnen kann, sondern auch, ob es weiß, was es tut und warum das so ist.

Eine angenehme Gesprächsatmosphäre ist hier besonders wichtig, denn Sie müssen das Kind dazu bringen, Ihnen mitzuteilen, wie es bei der Lösung der Aufgabe vorgeht und warum. Haben Sie die Antwort erst einmal erhalten, werden Sie sich vielleicht ziemlich wundern, welche Kuriositäten dabei ans Licht kommen. Durch die Antworten gibt das rechenschwache Kind sein mangelndes Verständnis und Versagen preis. Es darf deshalb keinesfalls gerügt oder verbessert werden. Therapeutische Eingriffe sollten keinen Platz in der Rechenbeobachtung haben.

Bevor wir uns der Rechenbeobachtung zuwenden, möchte ich gerne ausführlicher auf das Verhalten des Prüfers in der Testsituation eingehen.

In standardisierten Testverfahren, wie etwa dem Kinderintelligenztest HAWIK III, ist es dem Testleiter nicht erlaubt, die unrichtige Antwort eines Kindes zu korrigieren und die richtige Antwort zu nennen. Dies hat einen einfachen Grund. Nennt man einem Kind die richtige Lösung auf eine Frage, die es nicht oder falsch beantwortet hat, könnte es sich diese merken. Wenn es nach einiger Zeit neuerlich getestet wird, könnte es sich an diese spezielle Antwort erinnern. So würde der Test im Laufe der Zeit verfälscht und für dieses Kind nicht mehr brauchbar sein. Es gibt aber noch einen ganz anderen Grund, warum man es vermeiden sollte, negative Rückmeldungen wie etwa „Das ist jetzt falsch." zu geben. Versetzt man sich in die Lage des getesteten Kindes, so spürt man schnell die Aufregung und den Druck, unter dem das Kind normalerweise steht, wenn es einen Intelligenztest bearbeitet. Wie unangenehm ist es dann, auf Fehler aufmerksam gemacht zu werden. Das Kind kann nicht einschätzen, wie viele Fehler „normal" sind und ist schnell frustriert. Die Bereitschaft zur Antwort und die Motivation zum Mitmachen und sich anzustrengen sinkt.

Wir sollten uns vor Augen halten, dass der Test dem Therapeuten und den Eltern Auskunft gibt, ob ein Kind Fähigkeitsmängel hat. Der Test dient nicht dazu, einem Kind zu zeigen, wie schlecht es ist. Dies gilt auch für die Rechenbeobachtung. Deshalb sollte jede Testsituation meiner Meinung nach dazu benutzt werden, dem Kind ein Erfolgserlebnis zu vermitteln. Wie einfach ist es, nach jeder Antwort bestätigend zu nicken, wenn die Antwort tatsächlich richtig ist „Super!“, „Toll!“, oder „Du weißt aber viel!“ zu sagen und dem Kind in der angespannten Testsituation zu vermitteln, dass es gescheit ist und seine Sache prima macht. Das Kind verlässt die Diagnostik mit einem guten Gefühl, mit einem Erfolgserlebnis der besonderen Art. Es ist erleichtert. Das leistungsschwache Kind, das im Alltag ohnehin selten Erfolgserlebnisse verzeichnet, kann dadurch sein Selbstbewusstsein stärken. Es ist nicht nötig, das Kind auf seine Schwächen hinzuweisen. Ein durchschnittlich begabtes Kind weiß genau, wo es stark und wo es schwach ist. Im Gespräch, das jede Therapiestunde einleitet, erzählt das Kind meist von selbst, bei welchen Aufgaben es sich schwer tut, welche es nicht mag und welche es nicht kann. Über diese Einsicht kann man dann relativ leicht eine Motivation zur Aufarbeitung dieser Schwierigkeiten herstellen.

Es ist auch in Testsituationen nicht nötig, ein Kind zu frustrieren.

Vor kurzem hörte ich folgende Geschichte:
Anna, eine hübsche, nette, fleißige Schülerin der 7. Klasse einer Realschule leidet seit der Grundschulzeit unter einer sehr ausgeprägten Rechenschwäche. Inzwischen schreibt sie nur noch glatte Sechsen in Mathe. Niemand, der sie kennt, zweifelt an ihrer Rechenschwäche und an ihrer Intelligenz, weil sie in anderen Fächern mit ihren guten, überdurchschnittlichen Leistungen überzeugt. In einer Diagnostik, die von einer Psychologin durchgeführt wurde, bestätigt sich dieses Bild dann auch in den Ergebnissen der verschiedenen durch-

geführten Tests. Die Psychologin soll Anna danach erzählt haben, dass sie noch niemals ein Mädchen angetroffen habe, das so schlechte Leistungen in Mathematik gezeigt hätte. So etwas sei ihr noch nicht untergekommen. Zur Mutter sagte sie angeblich, dass sie ihr rate, Anna die Klasse freiwillig wiederholen zu lassen, da sie in Mathematik ja gar nichts könne. Die Mutter meinte, sie wolle sich das in Ruhe überlegen, denn ihre Tochter solle nicht unnötig belastet werden. Daraufhin stand die Psychologin auf und ging mit den Worten aus der Tür, „Wenn sie es Anna nicht sagen wollen, dann werde ich es tun." Sie ging zu Anna ins Nebenzimmer und teilte ihr mit, sie hätte soeben entschieden, dass Anna wegen ihrer Rechenschwäche die Klasse freiwillig wiederholen müsse. So erzählten es Mutter und Tochter, die nach ihren Angaben danach die Praxis verließen und schon auf der Straße beide vor Entsetzen geheult hätten. In jedem Berufsstand wird es solche Ausnahmen geben. Dass man unter Ärzten und Psychologen auf sie treffen kann, ist besonders bedauerlich.

Ich erwähne diese Geschichte vor allem deshalb, weil ich meine, dass Eltern sich vorab davon überzeugen sollen, ob ihr Kind es mit jemandem zu tun haben wird, der kompetent ist *und* einfühlsam. Eltern sollten sich umfassend über die zu verwendenden Testverfahren und über die Art der Durchführung informieren, bevor sie ihr Kind einer Diagnostik aussetzen. Sie sollten vorher bekannt geben, was sie vom Tester erwarten und was sie keinesfalls dulden würden. Man darf von einem Psychologen und von einem Arzt fordern, dass er seine Ergebnisse offen und einfühlsam darlegt und den Eltern gleichzeitig die Fähigkeit zuspricht, aufgrund dieser Informationen selbst zu entscheiden, was sie tun wollen und wie sie ihr Kind darüber informieren. Eine bewährte und sanfte Möglichkeit ist es nach meiner Erfahrung, wenn die Eltern das Kind mit folgender (sinngemäßer) Erklärung zur Diagnostik bringen: „Du hast uns oft erzählt, dass du Mathe nicht magst, dass dir manches schwer fällt.

Wir können dir nicht genügend helfen. Jetzt haben wir jemanden gefunden, der genau feststellen kann, warum es dir so schwer fällt, und der uns vielleicht mit ein paar Tricks und Tipps weiterhelfen kann. So könnte die Mathematik wieder Spaß machen und die Hausaufgaben schneller und leichter klappen. Wenn du willst, können wir hingehen und uns mal ansehen, ob die auch uns helfen können. Da wird jemand sein, der dich ein paar Dinge fragt, damit er weiß, was du schon alles gut kannst. Du kannst aber auch erzählen und zeigen, was du noch nicht so gut kannst, damit er die richtigen Tricks für dich herausfinden kann. Magst du, dass wir da hingehen und uns Hilfe holen?“

In meiner Praxis sind häufig kleine Kinder, die einfach zum „Mathespielen“ kommen, um sich ein paar Tricks zu holen. Es ist unnötig, dass sie über ihre Rechenschwäche Bescheid wissen und sich Sorgen machen, dass etwas mit ihnen nicht „stimmt“. Wenn sie alt genug sind, das zu verarbeiten, ist die Schwäche längst behoben und unnötiges Leid wurde vermieden.

Praktische Durchführung einer Rechenbeobachtung

Ein Beispiel soll die Vorgehensweise einer Rechenbeobachtung verdeutlichen:
Die Aufgabe, die Sie dem 11-jährigen Marius (5. Klasse) stellen, könnte lauten: „Rechne bitte im Kopf 19 mal 3.“ Nach längerer Wartezeit antwortet er „... ist gleich 29.“ Sie nicken als Beobachter erst einmal bestätigend, um Marius nicht zu verunsichern. Auf Ihre Frage, wie er das gerechnet habe, erklärt er: „3 mal 9 ist 27 (gute Einmaleinsleistung), 1 mal 3 ist 3 (mangelndes Verständnis des Dezimalsystems, da es sich um eine 30 handelt), 27 plus 3 ist 29, oder nein warte, 27, 28, 29, 30 ist 30 (jetzt bemerkt Marius den „Verzählfehler“ und Sie wissen, dass Marius zählend rechnet).“ Auf Ihre Frage, „Ob er erklären könne, warum er 1 mal 3 rechnet“, korrigiert

er sich offensichtlich beschämt, weil seine mangelnde Rechenfähigkeit so deutlich wurde, mit folgender Aussage: „Oh ja, ein 10er, dann kommt nicht 30 raus, sondern 300, die Null muss man ja anhängen (auswendig gelernte Regeln werden häufig an falschen Stellen angewendet, wenn die dahinter liegende Logik nicht verstanden wurde).“ Schreiben Sie als Beobachter das Ergebnis dann auf (19 mal 3 ist gleich 300), erkennt Marius nicht, dass das Ergebnis nicht richtig sein *kann*. Wir sehen an diesem Beispiel auch, dass Marius sehr wahrscheinlich keine Mal-Logik besitzt, sonst hätte er erkannt, dass das Ergebnis nicht stimmt. Ebenso wahrscheinlich ist es, dass Marius keine Vorstellung von Zahlen als Mengen hat, sonst würde er bei 19 denken, dass es fast 20 ist und 3 mal 20 ist gleich 60 rechnen. So würde er merken, dass 300 als Ergebnis nicht korrekt sein kann. Bittet man Marius jedoch, die sehr ähnliche Aufgabe 17 mal 4 schriftlich zu rechnen, führt er die Multiplikationsregeln korrekt aus und kommt zum richtigen Ergebnis. Sie würden an der schriftlichen Rechnung bei Marius keine Rechenschwäche entdecken!

Der „klassische Fall“ einer Rechenschwäche begegnet uns bei einem Kind in der dritten oder vierten Klasse, das sich im Kopfrechnen sehr schwer tut, meist im Zahlenraum bis 20, immer jedoch im Zahlenraum bis 100.

Indikatoren für die Schwierigkeiten im Kopfrechnen sind folgende:
Das Kind zählt deutlich erkennbar (entweder mit den Fingern oder anhand von Gegenständen, die real oder erdacht sein können) bei fast jeder Rechnung hoch oder vorwärts (bei Plus) und runter oder abwärts (bei Minus). Es löst zum Beispiel die Aufgabe 12 + 9, indem es 13, 14, 15, 16, 17, 18, 19, 20, 21 zählt. Ältere Kinder zählen oft im Kopf, weil sie sich schämen, die Finger zu zeigen. Je größer die Zahl in der Aufgabe ist, desto länger benötigt das Kind. Da man sich beim Zählen sehr konzentrieren muss, um nicht den Faden zu ver-

lieren, beginnen manche Kinder öfters wieder von vorne. Dies benötigt manchmal enorm viel Zeit. Daher rührt auch die Abneigung vieler rechenschwacher Kinder gegenüber dem Kopfrechnen. Es ist sehr anstrengend und langweilig! Sie haben in der Regel leider keine andere Rechenstrategie zur Verfügung!

Hier sei bemerkt, dass das Indiz des Fingerrechnens allein noch nicht ausreicht, eine Rechenschwäche zu diagnostizieren, da manche besonders begabte Rechner in den ersten beiden Grundschuljahren die Finger als Größen benutzen, um sich Zahlen vorzustellen (zum Beispiel: 1 Finger ist 10). Solche Kinder rechnen aber niemals zählend vorwärts oder rückwärts.

Das zählende Rechnen ist jedoch immer ein Indiz für eine Rechenschwäche.

Kinder, die bei Minusaufgaben rückwärts zählen, haben meist nichts vom Dezimalsystem verstanden und können deshalb Rechentricks nicht anwenden oder empfinden Tricks nicht als Erleichterung, sondern als Verwirrung.

Ein Beispiel verdeutlicht dies:
Bei der Aufgabe 26 minus 19 würde ein rechenschwaches Kind (stöhnend) mit 26, 25, 24, 23, 22, 21, 20, 19, 18, 17, 16, 15 usw. beginnen. Bald lernt es, zuerst den Zehner wegzunehmen – jedoch als Regelwissen – die Aufgabe lautet dann 26 minus 10 und dann minus 9. Das rechenschwache Kind lernt auswendig, dass 26 minus 10 gleich 16 ist, es leuchtet ihm in der Regel nicht ein, dass das so ist, denn es sieht keinen Zehner bei der 19, sondern eine 1. (Es sagt: „19 besteht aus einer 1 und einer 9.") Dann zählt es erneut von der 16 abwärts, bis 9 weggezählt sind. Man bedenke, dass ein Kind ohne Basislogik hier schon einige Regeln lernen muss, die ihm allesamt unlogisch vorkommen, da es die Hintergründe dafür nicht versteht.

Nun lehrt der Mathematiklehrer in der Schule den „Neunertrick" und sagt: „Bei der Rechnung 26 minus 19 ist es einfacher zuerst 20 wegzurechnen und dann wieder 1 dazuzuzählen, also 26 minus 20 gleich 6, 6 plus 1 ist 7." Der Lehrer erklärt weiter, dass ja 19 plus 1 gleich 20 ist und der Trick deshalb hilft, viel schneller zu rechnen. Nun versteht das rechenschwache Kind gar nichts mehr. Es ist verwirrt, denn es soll minus 20 rechnen, wo da doch 19 steht und es soll plus 1 rechnen, obwohl es sich um eine Minusrechnung handelt. Und wie soll das dann bei der Rechnung 53 minus 39 gehen? Auch plus 20 und dann minus 1 oder war es umgekehrt? Kinder, die keine Rechenschwäche haben, können auch gelegentlich verwirrt sein, begreifen aber meist innerhalb kürzester Zeit, was gemeint ist und können dies dann auch erklären.

Ein Kind ohne Rechenschwäche würde dieselbe Rechnung 26 minus 19 wahrscheinlich folgendermaßen lösen: 26 minus 10 ist 16. Es kann erklären, dass in 26 zwei Zehner stecken und in 16 ein Zehner steckt. 16 minus 9 ergibt dann 7, weil die 9 aus 6 und 3 besteht. Wenn man von 16 die 6 wegnimmt, ergibt das 10. Jetzt muss man noch von 10 die 3 wegnehmen und das ergibt dann 7.

Noch ein Beispiel aus einer Rechenbeobachtung:
Ich schreibe die Rechnung 454 – 347 = ? auf und bitte Jens den Lehrer zu spielen. Er soll versuchen, mir zu erklären, wie man eine so schwierige Aufgabe rechnen muss. Jens beginnt: „Zuerst rechne ich 400 – 300 = 100, dann 100 – 50 = 50, dann rechne ich 50 – 40 = 10, dann rechne ich 10 – 4 = 6, dann rechne ich 6 – 7 = ..." Er stutzt. Dann lacht er: „Du hast mich reingelegt, das kann man gar nicht rechnen, das geht gar nicht!" Ich entschuldige mich bei Jens und belasse es dabei.

Die Beobachtung zeigt mir, dass Jens einige Minusregeln anwenden kann, nur leider nicht in der richtigen Art und Weise. Ich erkenne, dass Jens nicht viel über die Basislogik von Minus wissen kann, sonst hätte er bemerkt, dass mindestens 100 übrig bleiben muss. Auch habe ich gesehen, wie lange er bei 10 – 4 brauchte. Seine Augenlider schlugen im Zählrhythmus, wahrscheinlich hatte er abgezählt. Als ich ihn später fragte, bestätigte er mir, dass er oft abzählen würde, um sicher zu sein.

Eine Rechenbeobachtung kann generell anhand jeder Aufgabe gemacht werden, Sie werden jedoch im Laufe der verschiedenen Beobachtungen merken, dass nicht jede Aufgabe gleichermaßen geeignet ist, eine falsche oder mangelnde Basislogik aufzudecken. Die Rechenbeobachtung sollte jedoch immer die Frage nach dem „Wie rechnest du das?“ und dem „Warum rechnest du das so?“ beinhalten, um nicht von auswendig gelerntem Regelwissen in die Irre geführt zu werden.

Oft findet man Fehler gehäuft bei Textaufgaben. Hier sollte man aber mit der Diagnose einer Rechenschwäche etwas vorsichtig sein, wenn es sonst keine Hinweise auf eine Rechenschwäche gibt. Auch normal begabte Rechner haben gelegentlich Schwierigkeiten mit Textaufgaben. Dies liegt daran, dass viele Kinder generell erst im Laufe der Schulzeit lernen, sich Gehörtes oder Gelesenes vorzustellen, bevor sie eine Lösung suchen.

Ich konnte in der Praxis häufig beobachten, dass vor allem rechenschwache Kinder Schwierigkeiten haben, sich etwas vorzustellen. Dies scheint aber nicht nur ein Problem rechenschwacher Kinder zu sein. Auch normal begabte Kinder ohne Rechenschwäche sind davon betroffen. Ein möglicher Grund kann die im letzten Kapitel beschriebene mangelnde naturwissenschaftliche Erziehung sein. Ein zweiter Grund könnte die Tatsache sein, dass Kinder heute häufig die meiste Freizeit mit bildlichen Medien, wie Fernsehen, Video, Computer- und Videospielen verbringen. Wenn schon so viele fertige

Bilder da sind, ist es nicht mehr unbedingt nötig, sich Vorstellungsbilder im Kopf zu machen, geschweige denn, diese Fähigkeit häufig zu üben. Neben manchen positiven Auswirkungen der Medien auf das Lernen (Bilder erweitern die Merkfähigkeitsspanne) ist dies ein weiterer negativer Aspekt der medialen Überfülle der heutigen Zeit.

Wir haben bereits festgestellt, dass ein häufiges Defizit rechenschwacher Kinder die mangelnde Vorstellung der Zahlen als Mengen ist.

Auch hier geht es um die *Vorstellung*, darum, sich ein *geistiges Bild* von der Zahl zu machen, mit der man rechnen soll. Ein Bild, das das Wesen des Dezimalsystems abbildet und nicht nur die geschriebenen Ziffern. Die Art der Vorstellung ist dabei von Mensch zu Mensch gelegentlich sehr unterschiedlich. Manche stellen sich ein Maßband vor, andere Treppen, Wege oder unterschiedlich lange Stücke. Eine ungeeignete Vorstellung wäre 34 als eine 3 und eine 4 dahinter zu sehen, die auf ein Blatt Papier aufgeschrieben wurde.

Bei Textaufgaben ist diese *bildhafte Vorstellung* noch wichtiger, um das Wesen der beschriebenen Handlung zu begreifen. „Frau Maier kauft 3 Tüten. In jeder Tüte sind 4 Orangen.“ ist ein schönes Beispiel dafür. Das rechenschwache Kind stellt sich nichts vor, sondern sieht nur die 3 und die 4. Zwei Zahlen also, mit denen man jetzt etwas rechnen soll. „Plus rechnen ist leicht, kommt oft vor“, denkt sich so ein Kind und rechnet „3 plus 4 ist gleich 7.“ Frau Maier hat also 7 Orangen. Kinder ohne Rechenschwäche sehen viel eher die Tüten mit den Orangen darin. Sie haben oft keine Rechnung parat, aber das Ergebnis stimmt.

Diese mangelnde Vorstellungskraft wird meines Erachtens auch durch zu geringe Möglichkeiten des *Erfahrungslernens* zu Hause und im Unterricht begünstigt. Ein guter Rechner fängt auch ohne

Hilfen von alleine mit Vorstellungsbildern oder Filmen im Kopf an. Ein rechenschwaches Kind kommt meist gar nicht auf so eine Idee. Eine brauchbare Methode zur Diagnose von Schwierigkeiten bei Textaufgaben ist es, das Kind anzuleiten, erst einmal aufzuzeichnen, worum es in der Aufgabe geht. An der Zeichnung wird oft die mangelnde Vorstellung deutlich. Das Kind zeichnet dann in obigem Beispiel vielleicht 3 Tüten und daneben – gleichsam ohne Zusammenhang – 4 Orangen. Noch deutlicher wird diese Zusammenhanglosigkeit bei schwierigeren Textaufgaben, die von Dingen handeln, die Kinder im Alltag selten sehen oder tun.

Ein noch besserer diagnostischer Zugang bezüglich Textaufgaben ist nicht das Lösen der Textaufgaben, sondern das Erfinden derselben.

Lässt man das Kind eine Textaufgabe selbst erfinden, kommt man oft aus dem Staunen nicht mehr heraus. Sagen Sie zum Beispiel „Jetzt darfst du die Lehrerin sein. Bitte erfinde eine Textaufgabe für mich, bei der ich ‚Mal' rechnen muss und ich rechne sie dann aus." Schnell werden Sie merken, ob die Basislogik vorhanden ist oder nicht, denn für das Erfinden von Textaufgaben haben Kinder in der Schule meistens keine Regeln gelernt. Trotzdem kann es vorkommen, dass ein Kind mit einem sehr guten Gedächtnis eine Textaufgabe, die in der Schule oder bei der Klassenarbeit vorkam, einfach nachspricht. Es lohnt sich bei einem entsprechenden Verdacht, kleine Vorgaben zu machen, wie zum Beispiel „Erfinde bitte eine Mal-Aufgabe, in der Autos und Kilometer vorkommen." Die Antwort eines rechenschwachen Kindes, das sehr mutig ist, könnte so lauten: „Peter fährt mit dem Auto von Heidelberg 3 mal 7 Kilometer nach München. Wie viele Kilometer sind es dann bis München?" Die meisten rechenschwachen Kinder weigern sich eine solche Textaufgabe zu erfinden oder sie schreiben eine Plustextaufgabe auf und merken nicht, dass sie das Ziel verfehlt haben.

Notieren Sie die Beobachtungen, die Sie während der Testung gemacht haben, erst im Anschluss an die Rechenbeobachtung. Das schult Ihr Gedächtnis und bewahrt das Kind vor dem unguten Gefühl, dass da im Geheimen seine Leistungen notiert werden. So behalten Sie einen Überblick über die speziellen Fähigkeiten, Defizite und den Wissensstand des Kindes. Setzen Sie diese Ergebnisse in Relation zu seinem Alter und der Schulklasse, in der es sich befindet. Ordnen Sie nun die Defizite nach Schulklassen und notieren Sie die Reihenfolge der mangelnden Fähigkeiten. Sie werden diese Notizen dringend für die individuelle Gestaltung der Therapie benötigen. Es ist dann nämlich wichtig, zuerst die Defizite zu bearbeiten, die an unterster Stelle stehen und auf denen die anderen aufbauen. Es macht Zum Beispiel keinen Sinn, Mal-Aufgaben im Zahlenraum bis 1.000 zu erklären oder zu üben, wenn das Kind in der Rechenbeobachtung gezeigt hat, dass es noch nicht einmal in der Lage ist, im Zahlenraum bis 20 verlässlich plus und minus im Kopf zu rechnen und zwar ohne die Methode des Zählens.

Mengenbilderfassung

Die *Mengenbilderfassung* macht die Bilder, die ein Kind von Zahlen im Kopf hat, sichtbar. Wir können erkennen, auf welchem Zahlniveau sich ein Kind in seiner Entwicklung befindet. Im Folgenden möchte ich einen kleinen Einblick in die Aufgaben zur Mengenbilderfassung geben, die von mir entwickelt wurden:

100er-Raum

Vorgabe: ein Rechteck in der Form eines Hochhauses, das von der Größe her ein DIN-A4-Blatt nicht ganz ausfüllt.

Der Rechenbeobachter erzählt als Einleitung: „Du fährst mit Mama nach New York in den Urlaub und ihr schaut euch einen Wolkenkratzer an (das Rechteck zeigen). Der Wolkenkratzer hat 100 Stockwerke (die 100 über das Hochhaus schreiben). Ihr erfahrt, dass im 45sten Stock eine Geburtstagsparty stattfindet, zu der du eingeladen bist. Schau, hier geht ihr in das Hochhaus hinein (die Bodenseite zeigen), hier ist Null (die Null unter den Boden schreiben). Hier (die Deckenseite zeigen) ist der 100ste Stock.

Nun fragt der Beobachter: „Wo ist der 45ste Stock? Wo müsst ihr hin? Zeichne mit diesem Farbstift einen Strich dahin, wo du den 45. Stock vermutest." (Einen Farbstift reichen.) Man kann das Kind ermuntern, wenn es lange zögert, indem man sagt: „Du darfst einfach raten, du kannst nichts falsch machen, wo findet deine Party statt?"

„Als ihr dort ankommt, merkt ihr, dass ihr noch kein Geburtstagsgeschenk gekauft habt. Du denkst: ‚Oh, wie blöd, wie kann man ohne Geschenk auf die Party kommen?' Ein Spielzeugladen ist im 4. Stock, da könnt ihr noch schnell ein Geschenk kaufen. Wo ist der vierte Stock? Kannst du ihn einzeichnen?"

„Während du auf der Geburtstagsparty bist, geht die Mama zum Frisör, denn das gefällt ihr besser als eine Kinderparty; der Frisör ist im 78. Stock." (Bitte den 78. Stock zeichnen lassen.) „Mama sagt zu dir: ‚Wenn die Geburtstagsparty zu Ende ist, treffen wir uns im 97. Stock. Da ist ein Restaurant. Dort können wir zu Abend essen'. Wo ist der 97. Stock, wo musst du da hin?"

„Jetzt wollt ihr noch aufs Dach hinauffahren, um euch die große Stadt von ganz oben anzusehen. Das sieht bestimmt toll aus. Rate einmal. Wie viele Stockwerke müsst ihr vom 97. Stock, von hier (den 97. Stock zeigen, den das Kind eingezeichnet hat) noch bis nach oben zum 100sten Stock (zeigen) fahren?" Die Linie vom 97., den das Kind markiert hat, bis zum 100sten Stockwerk kann auch durch eine Wellenlinie markiert werden. (Die Antwort des Kindes aufschreiben.)

Auf dem Dach trefft ihr eine Frau mit roten Haaren. Sie kommt auch gerade vom Frisör. Sie erzählt euch, dass sie den ganzen Weg zu Fuß laufen musste, weil der Strom ausgefallen war und der Aufzug nicht ging. Sie schnauft und stöhnt. „Was meinst du, wie viele Stockwerke ist sie zu euch aufs Dach hinaufgelaufen? Rate mal.“ (Die Antwort aufschreiben.) Wenn man genauer prüfen möchte, kann man das Kind anhalten, zwischen den Stockwerken hin und her zu fahren und es bitten, einzuschätzen, wie viele Stockwerke es jeweils fahren muss.

10er-Raum:
Vorgabe: Ein Rechteck, das deutlich kleiner ist als das vorhergehende 100er-Hochhaus. Das bearbeitete Blatt vom 100er Hochhaus wird verdeckt beiseite gelegt.

Der Beobachter sagt: „Jetzt spaziert ihr zurück zu eurem Hotel, es ist viel kleiner und niedriger. Es hat nur 10 Stockwerke. Hier geht ihr in das Hotel hinein (die Bodenseite zeigen), hier ist Null.“ (Die Null unter die Bodenseite schreiben.) „Hier (die Deckenseite zeigen) ist der 10te Stock.“ (Über die Deckseite die Zahl 10 aufschreiben.) „Euer Zimmer befindet sich im 5. Stock. Wo ist das? Zeichne es bitte ein. Im 9. Stock gibt es ein tolles Schwimmbad, da wollt ihr später schwimmen gehen. Wo ist das? Im 1. Stock gibt es am nächsten Morgen ein leckeres Frühstück. Wo ist der denn?“ „Was würdest du sonst gerne noch im Urlaub machen? Was macht dir Spaß?“ Der Beobachter gibt immer wieder ermunternde Bestätigungen wie „Das hast du aber gut geraten, toll.“ Er deckt keine Fehler auf. *Das Kind darf denken, dass es alles richtig gemacht hat.*

Zur Auswertung:
Bei der Auswertung, die niemals in Anwesenheit des Kindes stattfinden sollte, soll überprüft werden, ob die einzelnen Zahlen im vorgegebenen Raum des Hochhauses richtig positioniert wurden. Ist dem Kind das in

mehr als 2/3 der Fälle gelungen, kann man davon ausgehen, dass es ein kardinales Zahlkonzept besitzt. Die angegebenen Abstände zwischen den Stockwerken müssen ebenfalls auf Richtigkeit überprüft werden. Sind die Abstände in mehr als 2/3 der Fälle korrekt, kann man davon ausgehen, dass das Kind ein relationales Zahlkonzept besitzt. Dabei geht es nicht um Millimeter sondern um eine annähernd eindeutige Positionierung. Bei dem 4. Stockwerk des Hunderter-Hochhauses etwa wären alle Antworten zwischen 1. und 9. Stockwerk im Toleranzbereich. Es kann nützlich sein, eine Schablone anzufertigen, in der man die korrekt ausgemessenen Stockwerke einträgt.

Im 10er Hotel sollte die 5 als die Mitte (per Augenmaß) eindeutig erfasst sein. Die 9 sollte nicht tiefer als der tatsächliche Wert des 8,5 Stockes positioniert werden und nicht höher als 9,5. Die 1 sollte nicht höher als die tatsächliche 1,5 positioniert werden und nicht niedriger als 0,5.

Interpretation:
Aus meiner langjährigen Erfahrung sind Kinder ohne Rechenschwäche, spielend in der Lage die Aufgaben ohne Fehler oder mit höchstens 2 Fehlern zu meistern. Rechenschwache Kinder erzielen auch noch in der 4. Klasse fasst immer 0 Richtige, jedoch nie mehr als 2 bis maximal 4 richtige Antworten.

Von etwa 200 rechenschwachen Kindern der letzten Jahre hatte keines ein annähernd korrektes Mengenbild. Ältere, fast erwachsene, rechenschwache Schüler zeigen diese Defizite zumindest noch im 1.000er Raum oder im Bereich der ersten beiden Nachkommastellen, der mit derselben Methode prüfbar ist. Vergleichen Sie dazu die beiden folgenden Abbildungen:

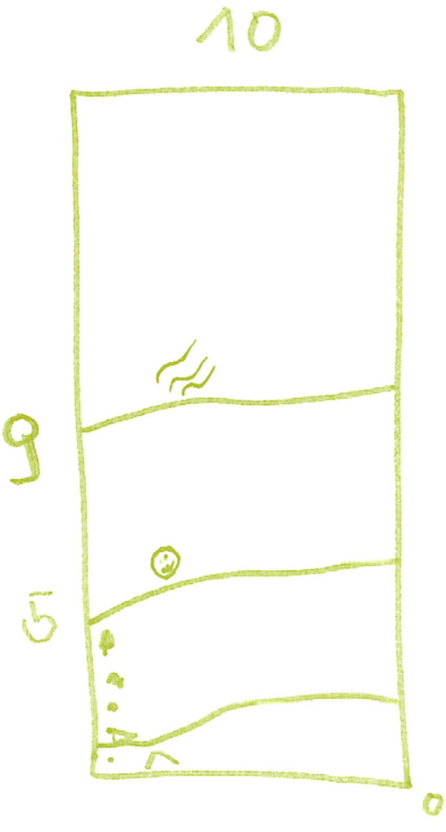

So ein Bild malt Selina,
2. Klasse vom 10er-Raum.

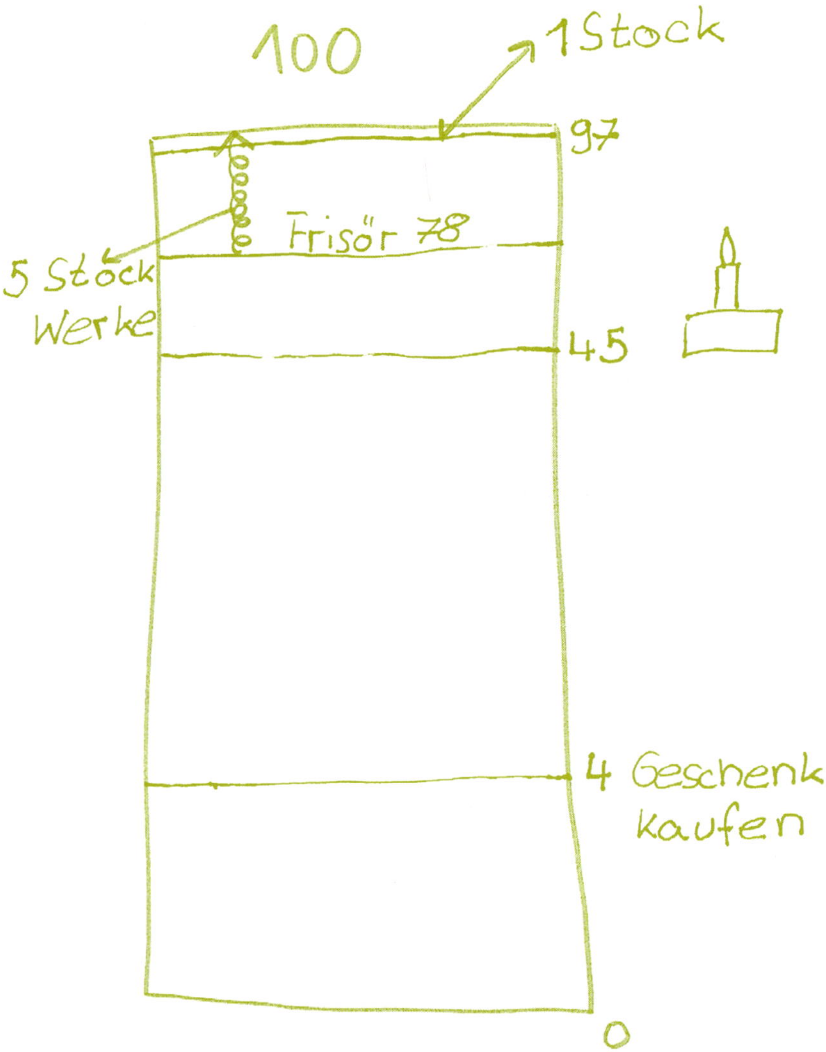

So ein Bild malt Mario, 3. Klasse, rechenschwach, vom 100er Raum.

Wer andere Dyskalkulie- und Rechentests kennt, wird vielleicht einwenden, dass diese Tests die eben vorgestellte Rechenbeobachtung teilweise beinhalten. Besonders in einem neueren Testverfahren zur Dyskalkulie, dem ZAREKI von Michael van Aster, wird eine Art Zahlenstrahl verwendet, an dem Kinder aus mehreren vorgegebenen Strichen den richtigen Strich einer vorgegebenen Zahl zuordnen müssen.

Doch das Zuordnen, wie es der ZAREKI verlangt, ist eine *Wiedererkennungsaufgabe*, das ist etwas ganz anderes als das selbstständige Einzeichnen ohne Vorgaben. Letzteres stellt eine *freie Reproduktion*, eine Konstruktion dar. Zu Ersterem benötigt man hauptsächlich Übung und Regelwissen, zu Letzterem benötigt man Basiskompetenz. Abgesehen davon hat man bei vier Möglichkeiten noch eine relativ hohe Wahrscheinlichkeit die Lösung zu erraten.

Heilungschancen

Im Laufe meiner Tätigkeit als Dyskalkulietherapeutin habe ich in mehr als 8.000 Therapiestunden Erfahrungen gesammelt.

Vor diesem Hintergrund kann ich sagen, dass man die große Mehrheit der Rechenschwächen beheben kann. Die Gründe für das gelegentliche Versagen lassen sich auf einige wenige Punkte reduzieren.

An erster Stelle stehen die Kosten. Eltern, die keine finanzielle Hilfe aus öffentlicher Hand erhalten, brechen die Therapie manchmal aus Kostengründen zu früh ab oder können sich den nötigen therapeutischen Umfang nicht leisten. Das verhindert eine Stabilisierung der Fortschritte, die Zeit reicht nicht, um alle Fähigkeiten aufzubauen und zu sichern.

Bei den dann noch verbleibenden Kindern, bei denen die Kosten nicht entscheidend waren, kann man einen mangelnden Erfolg zu einem Großteil darauf zurückführen, dass es uns nicht gelungen ist, die Kinder und ihre Familien genügend zu motivieren, sich der Mathematik zu stellen und an ihren Schwächen gezielt zu arbeiten. Die Einstellungen der Eltern und die Unlust der Kinder verhindern hier die Erfolge.

Manche Einstellungen der Kinder und Eltern sind nur schwer zu knacken. So erzählte mir beispielsweise ein Mädchen, das in der Therapie kaum Fortschritte erzielte, die Mama wolle, dass sie in die Rechentherapie gehe, aber der Papa sage immer, das wäre alles Blödsinn. Er wäre auf der Hauptschule gewesen, hätte Mathe nie gemocht, es auch nicht gebraucht und ihm würde es trotzdem gut gehen. Das Mädchen äußerte, sie wolle wie der Papa auch nur auf die Hauptschule und es wäre ihr auch alles „Wurst", so wie dem Papa. In der Mathe-Klassenarbeit habe sie meistens gar nichts gerechnet, um allen zu zeigen, dass die Therapie Quatsch sei.

Bei einem anderen Mädchen, das die 6. Klasse eines Gymnasiums besucht, gelang es mir nicht, sie zum Üben zu überreden. Sie und ihre Mutter erzählten mir, dass sie reite, tanze und eine Reihe wichtiger Hobbys habe, die alle Zeit in Anspruch nehmen würden. Die eine Stunde Therapie pro Woche müsse ausreichen. Für mehr Training wäre keine Zeit. Auf meine Frage, wie viel Zeit sie denn mit Hausaufgaben verbringe, antwortete das Mädchen: „Etwa 10 bis 15 Minuten pro Tag." Einmal gelang es mir, sie zum Üben zu überreden, und in der nächsten Klassenarbeit konnte sie ihre Erkenntnisse durch das Training umsetzen und schrieb eine Note 3. Doch wer (so wie ich zunächst) nun denkt, das sei der Durchbruch gewesen, irrt. So erhielt sie eine wackelige 4 im Zeugnis und das genügte der Familie für das nächste $^3/_4$ Jahr. Sie hat eben eine Rechenschwäche! So wird die Diagnose selten, aber manchmal eben doch zur Ausrede für mangelnde Einsatzbereitschaft.

Manchmal fehlt auch von Seiten der Lehrer das Verständnis für das rechenschwache Kind. Großer Leistungsdruck oder das Vorrechnen vor den anderen Mitschülern kann sensible Kinder sehr verunsichern. Es ist möglich, dass sie dadurch zusätzlich eine Angststörung aufbauen, die den Therapieerfolg negativ beeinflusst. Manchmal bauen auch die Eltern einen so starken Leistungsdruck auf, dass ihr Kind aus Angst, den Wünschen der Eltern nicht gerecht werden zu können, in jeder Prüfungssituation versagt.

Gelegentlich war die Grundintelligenz zwar „normal" ausgeprägt, aber die Logikdefizite stellten sich im Laufe der Zeit als so massiv heraus, dass uns nur eine Verbesserung, nicht aber eine Behebung der Rechenschwäche gelang.

In einigen Fällen kam die Hilfe tatsächlich zu spät. Die Zeit, die mancher Schüler hat, um sich auf einen guten Schulabschluss vorzubereiten, ist zu kurz, sodass die Erfolge sich nicht rechtzeitig einstellen können. Wird eine Rechenschwäche beispielsweise in der siebten Klasse entdeckt und der Schüler begibt sich erst Anfang der zehnten Klasse in Therapie, weil er es vorher mit herkömmlicher Nachhilfe versuchte, ist die Zeit von einem knappen Jahr einfach zu kurz, um die Rechenschwäche zu beheben und den gesamten Schulstoff nachzuarbeiten. Dasselbe gilt für Grundschulkinder, die Anfang der vierten Klasse mit einer Therapie beginnen. Sie und ihre Eltern wünschen sich einen Erfolg innerhalb eines halben Jahres, um die Schulempfehlung für die weiterführende Schule nach ihren Wünschen zu erhalten. Meist gelingt es innerhalb so kurzer Zeit nicht, die Rechenschwäche zu beheben und die nötigen Erfolge für die entsprechende Schulempfehlung vorzubereiten.

Wie kann man Rechenschwäche beheben?

4. Wie kann man Rechenschwäche beheben?

Geeignete Therapeuten

Es ist bestimmt nicht einfach, einen geeigneten Therapeuten für das rechenschwache Kind zu finden. Neben den allgemeinen Fähigkeiten, die einen Therapeuten auszeichnen sollten, spielen auch persönliche Faktoren eine Rolle. Manchmal ist ein Kind nur mit einem Mann – oder umgekehrt mit einer Frau – in der Lage, gute Arbeit zu leisten. So wünschen sich Jungen oft einen männlichen Therapeuten, wogegen sich Mädchen häufig bei weiblichen Therapeuten wohler fühlen.

Da es in unserer Früherziehung im Kindergarten, aber auch in der Grundschule selten Männer als Erzieher oder Lehrer gibt, sind Eltern oft gegenüber einem männlichen Therapeuten skeptisch. Sie sind es nicht gewohnt und bezweifeln, dass es gut funktionieren wird.

Gelegentlich spielt auch die „Chemie" zwischen zwei Personen eine Rolle. Dies darf man nicht einfach übergehen. Es kann vorkommen, dass man eine Person nicht mag, ohne dies recht erklären zu können. In diesem Fall hat es sich bewährt, ein bis drei Probestunden zu vereinbaren, damit das Kind einen Eindruck von seinem zukünftigen Therapeuten bekommen kann. In jedem Fall ist es sehr wichtig, weder das Kind zum Therapeuten zu zwingen, noch den Therapeuten zum Kind.

Zu den allgemeinen Fähigkeiten eines Therapeuten gibt es viel zu sagen. Es ist wichtig, sich zu vergegenwärtigen, dass sehr häufig auch Eltern oder Lehrer für eine bestimmte Zeit in die therapeutische Rolle schlüpfen, beispielsweise, wenn sie Kinder bei Hausaufgaben oder in Förderstunden betreuen.

Wir wissen, dass die Art einer Person, die in eine Therapeutenrolle schlüpft, für den therapeutischen Erfolg eine sehr entscheidende Rolle spielt. Ein Verhaltenskatalog aber, in dem vielleicht 20 Punkte vermerkt sind, an die man sich halten sollte, kann selbst den begabtesten Therapeuten aus dem Konzept bringen. Man kann sein Verhalten nicht nach theoretischen Regeln aufbauen, dies wirkt zumeist sehr künstlich, wenig spontan oder kreativ. Wir können als Therapeut jedenfalls nicht die laufende Therapiestunde unterbrechen und erst einmal im Buch über therapeutische Verhaltensregeln blättern, wenn ein Kind uns sagt: „Nein, das mache ich nicht, dazu habe ich keine Lust!" Es wird aber genauso wenig nützen, wenn wir in „Erziehermanier" nach so einer Aussage des Kindes böse werden und Drohungen wie „Wenn du nicht mitmachst, darfst du nicht mit deinem Freund spielen!" aussprechen. Was also tun? Wie soll man sich richtig verhalten?

Die einzige und wichtigste Grundhaltung,
die jeder einnehmen sollte, der ein guter Therapeut sein will,
ist das innere Verständnis für die Situation des Kindes,
gepaart mit emotionaler Wärme.

Wenn diese Grundhaltung mit einem gesunden, stabilen Ego kombiniert ist, wird der Therapeut keine Äußerung eines rechenschwachen Kindes auf sich beziehen und deshalb auch nicht beleidigt reagieren können oder Drohungen aussprechen müssen.

Wenn wir uns das Beispiel von Simone in der „Geschichte eines rechenschwachen Kindes" aus Kapitel 1 nochmals vergegenwärtigen, so hatte die Mutter in ihrer Rolle als Therapeut täglich mit ihrer Tochter geübt, sich bemüht, war engagiert und hat viel Kraft und Zeit in diese Situation gesteckt. Wenn nun Simone vielleicht weniger brav gewesen wäre, den Stift und das Buch wütend zu Boden geworfen hätte und dann heulend und schreiend unter den Tisch gekrochen wäre – wen hätte es gewundert, wenn die Mutter die Nerven völlig verloren hätte? Die Mutter hat viel investiert und ist beleidigt und wütend, wenn das Kind nicht mitmacht. Aus Sicht der Mutter ist diese Reaktion vielleicht in Ordnung. Als Therapeutin hätte sie mit so einer Handlung versagt. In der Rolle des Therapeuten müssen wir stets im Auge behalten, dass wir kein Recht haben, beleidigt zu sein. Wir sind als Person gar nicht gemeint. Es ist die *Situation*, die dem Kind zu schaffen macht; deshalb haben wir als Therapeut gar keinen Grund uns gekränkt zu fühlen, wenn ein Kind nicht so handelt, wie wir es erwarten oder unseren Einsatz nicht honoriert.

Da kommen wir zu einem äußerst interessanten Punkt: Was erwarten wir von einem rechenschwachen Kind?

Dieses *innere Verständnis*, von dem ich zuvor sprach, ist die Grundlage, auf der wir unsere Erwartungen über das Verhalten eines rechenschwachen Kindes aufbauen. Nun, es ist einfach zu begreifen, dass die Situation für ein rechenschwaches Kind schwierig ist. Wie genau das ist, das könnten wir jedoch nur erfahren, wenn wir selbst betroffen wären. Wir sind es aber nicht. Wir können 17 minus 9 rechnen. Wir können Textaufgaben lösen. Für uns ist ein Zahlenstrahl mit 20, 30, 40, 50 „babyleicht". Wie sollen wir also wissen, was wir erwarten dürfen und wie können wir dieses tiefe Verständnis aufbauen?

Indem wir für eine Stunde rechenschwach werden! Nicht mit Gehirnwäsche, Hypnose oder Medikamenten. Nein, ganz einfach mit einem *psychologischen Experiment*, das uns in eine unbekannte, eigentümliche Zahlenwelt entführt, die wir nicht kennen, deren Zusammenhänge wir zunächst nicht durchschauen. Wenn wir uns darauf einlassen, dann können wir uns mit wenig Aufwand ein Gefühl verschaffen, wie es rechenschwachen Kindern geht. Damit haben wir die Grundausbildung zum geeigneten Dyskalkulietherapeuten bereits absolviert.

Hier ist die Einführung in das Experiment:
Sie erhalten nun eine Darstellung einer für Sie fremden Zahlenwelt, die andere Zahlennamen hat und einem anderen Zählsystem unterliegt.

Versuchen Sie herauszufinden, wie sich diese Zahlen fortsetzen. Bitte übertragen Sie die Zahlen *nicht* in unser Dezimalsystem, damit würden Sie sich um die „rechenschwachen Gefühle" bringen. Sagen Sie nicht: „Diese Zahl ist bei uns eigentlich eine 9 und dann rechne ich 9 minus 3, weil das leicht ist." Bedenken Sie, dass rechenschwache Kinder diese Möglichkeit auch nicht haben!

Nachdem Sie Ihre Überlegungen abgeschlossen haben, können Sie versuchen, den daran anschließenden Test zu absolvieren. Die Zahlenraupe und Ihre Aufzeichnungen dazu dürfen Sie als Hilfsmittel verwenden, sofern Sie sich dies als „rechenschwaches Kind" gestatten.

Geben Sie sich für den Test eine Note.

Studieren Sie dann eine Uhr, die ebenfalls nicht in der für Sie gewohnten Weise funktioniert. Finden Sie heraus, wie man diese Uhr lesen muss. Prüfen Sie sich dann anschließend.

Wir lernen zählen

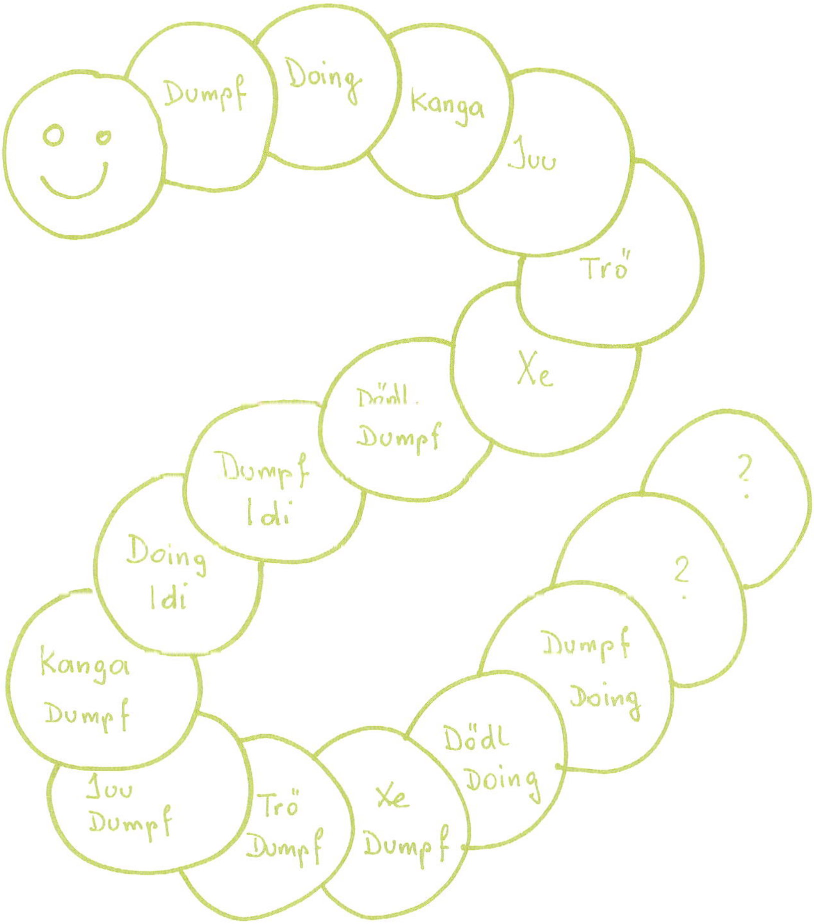

Ich zeige, was ich kann

Wie geht es weiter?

Xe, Doing Idi, Trö Dumpf, ______, ______, ______, ______, ______

Ergänze die fehlenden Zahlen:

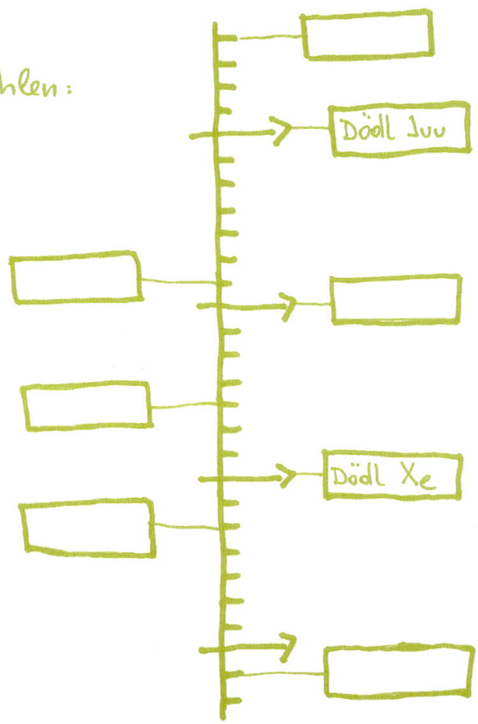

Rechne bitte im Kopf:

Trö Lumis kaufen Doing Juu Litschfis.

Frage:

Rechnung:

Antwort:

Von Dödl Doing Punkten hast du ______ erreicht.

Note: ____________.

So lesen wir die Uhr:

Dödl Dumpf Uhr
und Dödl Minuten

Dödl Dumpf Uhr
und Dumpf Minuten

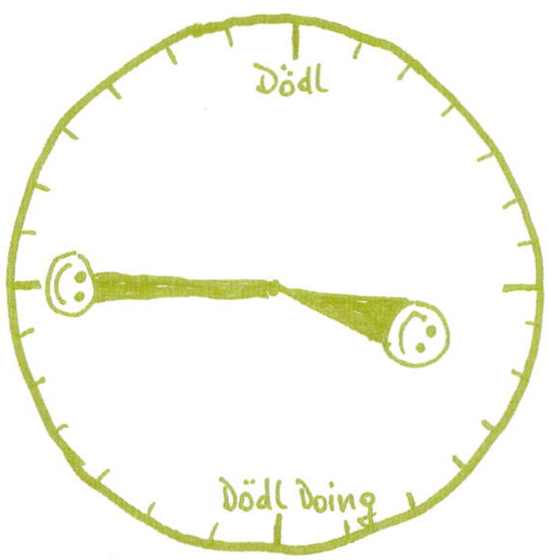

Dödl Dumpf Uhr
und Trö Dumpf Minuten

Lernzielkontrolle Nr. Juu

Wieviel Uhr ist es?

Nenne Stunden und Minuten

____

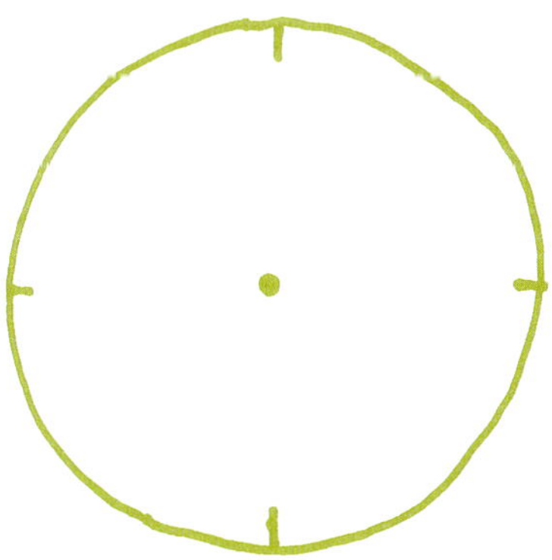

Zeichne ein:

Dödl Doing Uhr

Dödl Doing Minuten

Note: ______________

Wenn Sie an einer Auflösung Interesse haben, können Sie die komplette Lösung aller Aufgaben und eine Übertragung der Aufgaben in unser Dezimalsystem unter *www.rechen-therapie-zentrum.de* nachlesen.

Wie fühlen Sie sich?
Wahrscheinlich ist es Ihnen nicht wirklich peinlich, wenn Sie Schwierigkeiten mit *„Dödl Dumpf"* hatten, denn die Gesellschaft erwartet von Ihnen nicht, darin gut zu sein. Sie werden sich beim Bäcker um die Ecke nicht blamieren, wenn Sie *Juu Dumpf* mit *Dumpf Juu* verwechseln. Mit 41 Brötchen statt 14 Brötchen sieht es dann schon anders aus.

Der Druck, der auf unseren Kindern lastet, ist sehr groß. Man kann nicht mit Freude lernen und selbstbewusst forschen, solange die Versagensangst so groß ist.

Seien Sie ein Therapeut, bei dem Ihr Kind sich entspannt zurücklehnen kann. Machen Sie auch einmal einen Fehler. Versuchen Sie zu verstehen statt gleich zu kritisieren. Stellen Sie sich vor, ich hätte neben Ihnen gestanden, als sie im „Dödl Test" gezeigt haben, was Sie alles (nicht) können. Ich hätte die Augen verdreht und Verwunderung darüber geäußert, wie es wohl möglich sei, dass jemand dafür so lange braucht. Dass ich nicht verstehen könnte, warum Sie so einfache Rechnungen nicht richtig bewältigen. Meinen Sie, es wäre sinnvoll das Dödl-Dumpf-System auswendig zu lernen? Müssten Sie dann nicht trotzdem ständig Angst haben, zu versagen, weil Sie sich manches nicht einwandfrei gemerkt haben? Vor allem dann, wenn ein Beobachter genervt neben Ihnen stünde und meinte, Sie müssten das alles viel schneller können. Kämen Sie sich nicht doppelt dumm vor, wenn die Mehrheit der Anderen Ihnen ständig das Gefühl vermitteln würde, Dödl Dumpf sei ja so leicht, so einfach, so logisch?

Machen Sie diesen Fehler nicht, seien Sie als Therapeut einfühlsam und geduldig. Stellen Sie sich nicht als der Allwissende dar.

Werden Sie nicht nervös, wenn Ihr Kind 7 + 8 nicht gleich richtig rechnet. Stellen Sie sich einfach vor, es wären Dödl-Dumpf-Aufgaben.

Als letzter wichtiger Punkt ist noch die *„Anwesenheit"* des Therapeuten zu erwähnen. *Wirklich* geistig anwesend zu sein, ist eine notwendige Voraussetzung für das Gelingen eines therapeutischen Vorgangs. Es ist das, was Therapeuten so viel Kraft kostet. Meine eigenen Erfahrungen, Probleme, Fragen und Wünsche, die mit meinem persönlichen, privaten oder beruflichen Leben zu tun haben, ruhen während der Therapie. Ich denke, fühle und handle nur mit dem anwesenden Kind. Durch meine Präsenz kann ich es mitreißen und anregen. Das Kind fühlt sich als die wichtigste Person im Raum. Es gibt nichts Wichtigeres. Nichts, was dazwischen kommen kann und soll! Wenn auch andere Kinder oder Themen gleichzeitig Ihre Aufmerksamkeit benötigen, ist es kaum möglich, diese Präsenz zu vermitteln. Versuchen Sie sich in diesem Fall so zu organisieren, dass Sie wenigstens eine kurze Zeitspanne voll da sein können. Besser Sie sind 5 Minuten ganz für das Kind da, als 20 Minuten nur halb. Sprechen Sie mit Ihrem Kind darüber. Sagen Sie offen, wie es um Ihre Zeit bestellt ist. Das Kind wird die volle Aufmerksamkeit spüren und sich im Laufe der Zeit daran gewöhnen, dass Sie diese Aufmerksamkeit zwar nicht immer geben können, aber manchmal eben doch.

Geeignete Therapiematerialien

Aus dem 2. Kapitel wissen wir bereits, dass es entscheidend ist, dass sich das Kind vom (finger-)zählenden Rechnen wegentwickelt und zu besseren, effizienteren Strategien kommt.

Wir haben gesehen, dass das Therapiematerial Mengen darstellen muss, die nicht abzählbar sind.

Darüber hinaus müssen wir noch *weitere Anforderungen* an ein geeignetes Material stellen – sowohl zur Frühförderung, als auch zum Lernen der mathematischen Grundbegriffe für rechenschwache Kinder in der Schule. Das Material muss nämlich einen *Bezugspunkt zum Dezimalsystem* aufzeigen, den man visuell erkennen kann. Das bedeutet, dass wir bei einer Menge 7 sehen können, wie viel noch bis zur Menge 10, bis zum Referenzpunkt im Dezimalsystem fehlt. Dies ist ein ganz wichtiger Punkt, weil alle Übertragungsleistungen, alle sogenannten Rechentricks, alle Logiktricks, die höhere Zahlenräume erschließen sollen, auf unserem Dezimalsystem der Menge 10 als erster zweistelliger Zahl aufbauen.

An dieser Stelle möchte ich kurz auf einige Unterrichtsmaterialien eingehen, die in Grundschulen verwendet werden.

Die **Cuisinaire-Stäbe** wurden von einem belgischen Lehrer in den fünfziger Jahren entwickelt. Es sind *verschiedenfarbige Stäbe,* deren Längen die Zahlen 1 bis 10 darstellen. Die 7 ist als Holzstab mit einer Länge von 7 Zentimetern (einfärbig, in Schwarz) dargestellt, die 10 als Holzstab mit einer Länge von 10 Zentimetern (einfarbig, in Orange).

Die Cuisinaire-Stäbe sind zwar nicht abzählbar, aber sie können diesen Bezugspunkt zum Dezimalsystem leider nicht sichtbar machen. Ein 7er-Stab endet bei 7 Zentimetern. Ein Kind kann schwerlich erkennen, wie lange nun ein 10er-Stab ist. Manche Leute äußern dann, dass man ja neben einem 7er-Stab einen 10er-Stab als Referenz zur 10 legen könnte. Das stimmt natürlich, aber wie erklären Sie dann die Logik der Menge 17? Zählt der 10er-Stab jetzt nicht zur Menge 7 oder doch? Je einfacher und weniger verwirrend wir Kindern Mengen sichtbar machen, desto besser ist es.

Bei einem geeigneten Fördermaterial ist es unerlässlich, dass man jede Menge in Relation zum Dezimalsystem erkennen kann.

Bei einer Menge 6 beispielsweise muss die Menge 10 erkennbar sein. Bei einer Menge 65 muss die Menge 100 sichtbar sein. Bei einer Menge 455 muss die Menge 1.000 wahrgenommen werden können. Eine weitere wichtige Anforderung an ein geeignetes Therapiematerial ist seine Brauchbarkeit und praktische Verwendbarkeit in größeren und auch kleineren Zahlenräumen.

Wir sollten die Materialen in den verschiedenen Zahlenräumen nicht wechseln müssen.

Für ein rechenschwaches Kind ist es sehr schwierig und mühsam sich „Bilder im Kopf" zu machen. Die Kinder benötigen meist sehr viel Übung, bevor sie sich eine Menge vorstellen können. Deshalb ist es umso wichtiger, dass wir diese sich langsam bildende Vorstellungskraft des rechenschwachen Kindes nicht überstrapazieren, indem wir erst Würfel, dann Stäbe, Platten und wieder Würfel vorlegen. **Modernere Unterrichtsmaterialien** sind ein kleiner Plastikwürfel für die 1, ein aus 10 Würfelchen zusammengesetzter Stab für die 10, eine aus zehn Stäben zusammengesetzte Platte für die 100 und ein aus zehn Platten zusammengesetzter Würfel für die 1.000. Das geometrische Konstrukt „Würfel" ist sehr komplex und für Dyskalkuliker schwer in Vorstellungsbilder umzusetzen. Außerdem prägt das Material die Vorstellung, dass eine Fläche (Platte) generell 100 Einheiten, ein Volumen (Würfel) generell 1.000 Einheiten hat. Das ist ja bekanntlich nur gelegentlich richtig. Wir kennen alle Flächen mit mehr oder weniger als 100 Quadratmetern und Volumina mit mehr oder weniger als 1.000 Kubikzentimetern. Abgesehen davon gibt es so schöne Verbindungen und Ähnlichkeiten zwischen 100 und 1.000, wie etwa die Hälfte 50 und 500, die an den im Schulunterricht verwendeten geometrischen

Abbildungen visuell nur unzureichend sichtbar werden. Dadurch erschweren wir erwünschte Übertragungsleistungen von kleinen zu großen Zahlenräumen.

Im optimalen Fall sollte es sogar möglich sein,
auch Dezimalzahlen, Brüche und Prozente
mit demselben Material zu erklären!

Ein weiteres Therapiematerial sind die **Kieler Zahlenbilder**, die von Christel Rosenkranz entwickelt und im Jahre 1992 erstmals veröffentlicht wurden, in denen 10 Klötzchen wie Gäste in einem Hotel stecken (siehe Abbildung).

"Kieler Zahlen"

Dieses System ist ebenfalls abzählbar und damit ist es besonders für höhere Zahlenräume ungeeignet. Wer mag sich schon 1.000 Gäste im Hotel bildlich vorstellen? Oder 5,4 Gäste? Oder einen achtel Gast?

Und noch etwas muss bedacht werden: Das **Skript!** Jedes Material hat ein Skript. Das Skript stellt das *Definitions-* und *Handlungsumfeld eines Begriffs* dar. Woran denken Sie zum Beispiel, wenn Sie das Wort „Eier" hören? Was fällt Ihnen ein? Die Verknüpfungen eines Begriffes zu seinem Umfeld sind in der Regel emotional gefärbt. „Eier schmecken mir" oder „Eier sind ekelig". Das Skript von Eiern im Eierkarton (die gelegentlich als Unterrichtsmaterial verwendet werden) könnte in etwa so lauten: „Eier sind runde Dinger, die Hühner legen, die man essen kann. (Ich mag sie nicht.) Man kann sie kaufen in Eierkartons. Das sind Schachteln aus Pappe, die eine bauchige Form haben, damit die Eier nicht rausfallen oder zerquetscht werden."

Je bekannter das Skript einem Kind ist, desto leichter kann es abstrahieren. Wir benötigen für unser Therapiematerial ein sehr bekanntes, geläufiges Skript, damit das rechenschwache Kind keine Zeit verschwenden muss, es sich jedes Mal mühsam herzuleiten. Der Würfel zum Beispiel ist ein sehr komplexes Skript. Welcher Grundschüler kann ihn korrekt zeichnen? Meines Wissens sieht der Lehrplan dies erst für die weiterführende Schule vor. An einem schwierigen Skript gelingt die Demonstration eines mathematischen Zusammenhangs oft nicht oder nur schlecht. Auch die emotionale Färbung eines Skripts sollten wir stets mit berücksichtigen.

Ein geeignetes Therapiematerial benötigt
ein sehr einfaches, bekanntes Skript.

Wir fassen jetzt alle Anforderungen an ein Therapiematerial, das geeignet ist eine Rechenschwäche zu beheben, nochmals zusammen:

Das Therapiematerial muss

1. eine Menge darstellen, die nicht abzählbar ist,
2. eine Relation zum Dezimalsystem erkennen lassen,
3. verschiedene Zahlenräume abbilden können,
4. auch Zusammenhänge der höheren Mathematik darstellen können,
5. ein bekanntes, einfaches Skript darstellen.

Ein Therapiematerial, das diese Kriterien erfüllt, existiert bereits. Es wurde von mir im Laufe meiner Praxis erfunden und erprobt. Es ist der Schlüssel zur erfolgreichen Therapie einer Rechenschwäche.

Ich stelle es Ihnen im Folgenden vor:
Ich verwende zylindrische **Wassergläser** (am besten aus Hartplastik) mit sehr dünnem Boden, mit einem Durchmesser von circa 6 cm und einer Höhe von 14 cm. Die Gläser dürfen nicht konisch zulaufen, sondern ihre Böden und Deckel sollen gleich große, parallele Flächen haben. Die Gefäße haben weder eine Einteilung noch ein Muster, eine Struktur oder eine Farbe! Sie sind glatt und durchsichtig.

Diese Gläser (man benötigt etwa 10–11 Stück) können mit Wasser gefüllt werden. Das Wasser kann mit Lebensmittelfarbe beliebig eingefärbt werden und erhöht somit die spielerische Komponente. Grüne Farbe kann als „Giftwasser" tituliert werden, blaue als „Meerwasser", rote als „Feuerwasser" – wie man will. Die Lebensmittelfarben enthalten keine schädlichen oder giftigen Stoffe wie manche anderen industriellen Farben. Das ist ein Vorteil für kleinere Kinder, die vielleicht nicht widerstehen können, vom Giftwasser zu kosten. *Wasser zu trinken* und einzugießen ist eine Handlung, ein Skript, das jedes Kind täglich mehrmals tut und seit seiner ersten selbstständigen Handlung ständig wiederholt. Es ist eines der bekanntesten und meistgeübten Handlungsskripts überhaupt. Stellt es doch ein primäres Bedürfnis auf der untersten Stufe der Bedürfnispyramide dar.

Außerdem bildet das Einschütten und Austrinken die Plus- und Minuslogik eineindeutig ab.

Wir halten uns an folgende Regel, wenn wir mit diesem Material „spielen":
Füllt man so ein Glas wirklich ganz randvoll, so erhält man eine Menge 10. Diese Menge 10 wird dem Kind entsprechend bekannt gemacht (siehe auch Kapitel „Therapieinhalte für die Grundschulzeit"). Selbst wenn ein Kind weniger als 10 Schlucke in ein Glas einfüllt, ist die Menge 10 durch die Höhe des Glases immer noch deutlich sichtbar. Man kann erkennen, was fehlt. Damit begreift das Kind die fundamentale Logik der Mengen im Bezug zur 10. Dadurch ist es auch möglich, zusammengesetzte Zahlen, wie etwa die 26, als solche zu erkennen (siehe Abbildung).

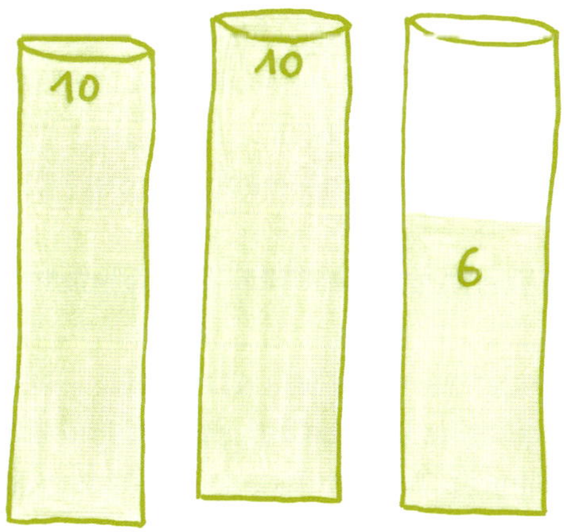

Die Wassermenge kann nicht abgezählt werden. Kinder, die trotzdem versuchen, imaginäre Schlucke zu zählen, bemerken schnell, dass es wenig Sinn macht. Sie beginnen, die Wassermengen zu *schätzen*, weil sie erkennen, dass dies einfacher ist und schneller zu richtigen Lösungen führt. *So vergessen sie im Laufe der Zeit von selbst das zählende Rechnen!*

Das „*Teil-Ganzes-Prinzip*“ kann erfasst werden. Die Menge 7 besteht zum Beispiel aus einer Menge 5, zu der man eine Menge 2 dazu schüttet. Die rechenschwachen Kinder begreifen den 10er Übergang intuitiv handelnd.

Passt eine Menge 5 zu einer Menge 8 dazu? Was passiert? Läuft Wasser über oder klappt es?

Es klingt für unsere mathematischen Ohren trivial, dass ein Kind meinen könnte, dass 5 zu 8 passt, ohne dass Wasser überläuft, aber es bewahrheitet sich häufig im therapeutischen Alltag. Erst wenn das rechenschwache Kind erkannt hat, dass einiges Wasser auf den Tisch platscht, ist es bereit, sich von sich aus Gedanken zu machen, was es bedeutet 5 und 8 zusammenzuschütten, und dass dies mehr ist als 10! Jetzt erst kann man gemeinsam überlegen, was dabei herauskommen könnte: 10 und ein bisschen Wasser. Wie viel könnte dieses Bisschen sein? Wir landen unweigerlich bei der 10er-Zerlegung. Die 8 hat einen *Freund* – er heißt 2. Sie passen so gut zusammen, weil sie das Glas voll machen, also 10 ergeben.

Nun können wir überlegen, wie man Dreizehn schreibt. Vielleicht so: „3 10“? Nein, so: „13“! Das rechenschwache Kind erkennt die einzigartige Schreibweise einer Menge 10 und 3 und kann die Darstellung 13 mit bildlichem Inhalt füllen. Jetzt ist die 13 nicht mehr eine 1 mit einer 3 dahinter, jetzt hat sie dezimalen Charakter! Es ist einleuchtend, dass aus einem 10er-Glas im Laufe der Zeit ohne Probleme ein 100er-Glas werden kann. Das gleiche Abbild, die gleiche Logik. Nur die zu behandelnde Menge wird 10-mal so groß. Statt 10 Schlucken sind es jetzt 100 Schlucke. Der Transfer auf die 1.000 oder auf Millionen gelingt meist mühelos.

Interessant ist auch die Reduktion auf die Menge 1. Wenn das Glas voll ist, ist es 1. Eins bedeutet ein Schluck, das heißt, man kann alles auf einmal trinken. Wem das zuviel ist, der trinkt nur die Hälfte, aber was ist das nun?

Wir können die *dezimalen Nachkommastellen* entdecken, die *Brüche* und die *Prozente*. Alles ist mit diesem Material möglich. Relationen können ganz einfach abgebildet werden.

Man hat mich in Vorträgen schon darauf angesprochen, dass dies doch die inzwischen verworfene Form der Mengenlehre sei. Das ist nicht richtig. Die *Mengenlehre* ist eine Form der Begriffsbildung, die der regelüberprüfenden (deduktiven) Logik entspringt und damit systematische Zuordnungen wie zum Beispiel rot zu rot, rund zu rund oder klein und eckig zu blau erlaubt.

Wenn ich etwa von einer Menge 5 spreche, meine ich damit die Menge als kardinales Zahlprinzip oder als Zusammenfassung einer bestimmten Anzahl von Elementen beziehungsweise Zahlen. So definiert, ist die Menge eine Grundvoraussetzung für das Verständnis von Zahlen und damit die Basis für das Kopfrechnen. Insofern ist es sträflich, Mengenvorstellung nicht ausreichend zu trainieren, denn Kopfrechnen und das Verständnis von Zahlen sind die Hauptlehrziele der Grundschulmathematik.

In einer Forschungsstudie vom März 2007, bei der ich die diagnostischen Daten (HAWIK III) auswertete zeigte sich, dass bei sehr vielen getesteten Kindern die Raumwahrnehmung schwach entwickelt war. In 40% der Fälle lagen die Leistungen sogar unter 6%! Diese Daten bestätigen die Beobachtungen aus der Praxis, wonach die raumzeitliche Entwicklung bei Dyskalkulikern verzögert ist. Dies ist einer der entscheidenden Gründe, warum die Wasserglasmethode® so schnell und effizient hilft. Das Wasser nimmt nämlich im Glas einen Raum ein und so lernt das rechenschwache Kind, das Zahlen unterschiedliche räumliche Ausdehnungen haben. Zudem kann das Kind Zahlen selbst herstellen und erkennen, dass Raum und Zeit verknüpft sind. Je größer eine Zahl ist, desto länger braucht es, bis das Wasser eingegossen ist.

Es liegt mir fern, sie von meiner Wasserglasmethode® zu überzeugen. Besser fände ich, wenn Sie sie einfach einmal ausprobieren und eigene Erfahrungen machen.

Nehmen Sie das Kapitel „Therapieinhalte für die Grundschulzeit" als Anleitung und zeigen Sie einem rechenschwachen Kind die *Wassergläser.* Machen Sie eigene Erfahrungen. Meiner Erfahrung nach beobachtet man Folgendes: Das rechenschwache Kind merkt gar nicht, dass es rechnet, die Motivation zum Schütten kommt von alleine. Das rechenschwache Kind kommt mühelos zu Einsichten und Erkenntnissen, die Sie mit herkömmlichen Methoden verzweifelt zu erklären versuchten. Am Wichtigsten aber ist, dass das Kind viel rascher, effizienter und tiefgreifender an die Logik des Dezimalsystems herangeführt wird als mit allen anderen, bekannten Methoden. Sie sparen Zeit, viel Zeit. Das ist ein weiteres, entscheidendes Argument für die Wassergläser, denn rechenschwache Kinder haben nicht viel Zeit ihre Defizite aufzuholen. Der Unterrichtsstoff schreitet rasch voran und wer den Anschluss verpasst, wird nicht immer die Möglichkeit bekommen nachzulernen. Dadurch entstehen viele Nachteile für den Betroffenen, aber auch für die Gesellschaft. Ganz abgesehen davon, dass die Zeit des Leidens eines betroffenen Kindes mit der Wasserglasmethode verkürzt wird.

Wir wissen alle, dass es meist sehr lange dauert, bis effiziente, neue Methoden Eingang in das Schulsystem finden. Etablierte Lernmaterialien, die in Schulen häufig verwendet werden, sind in der Regel *nicht* wissenschaftlich auf Wirksamkeit überprüft worden. In wissenschaftlichen Datenbanken findet man kaum empirische Studien zur Dyskalkulie. Dies muss sich dringend ändern. Vielleicht werden sie die Wasserglasmethode® einmal in den Schulbüchern finden. Im Bundesland Hessen gibt es seit 2006 bereits einige Schulen, in denen mit der Wasserglasmethode® unterrichtet wird. Ich möchte Sie ermuntern, Versuche mit den Wassergläsern zu machen, Erfahrungen zu sammeln und diese zum Wohle der rechenschwachen Kinder einzusetzen.

Geeignete Techniken

Die *Technik*, das *Material* und die *Vorgehensweise* müssen so gewählt werden, dass sie für das rechenschwache Kind *angenehm* und *einfach verständlich* sind, *schnell* und mit möglichst *wenig Übung* zum Erfolg führen und dem Kind *dauerhaft im Gedächtnis* bleiben. So werden die Rechenfähigkeiten und das Selbstbewusstsein eines betroffenen Kindes gleichermaßen gestärkt.

Albert Einstein soll einst gesagt haben:
„Was du selbst wirklich verstanden hast, kannst du einem sehr kleinen Kind erklären.“

Dieser Satz stellt für mich in meiner beruflichen Tätigkeit auch noch nach vielen Jahren eine große Herausforderung dar. Er hat sich oft bewahrheitet. Gelegentlich wenden Menschen Inhalte und Themen an, lehren sie anderen, ohne sie komplett verstanden zu haben.

Bei schwierigen Aufgaben ist es eine häufige Praxis von Schülern und Auszubildenden, eine Regel, eine mathematische Formel, eine Vorgehensabfolge auswendig zu lernen und sie ohne Hintergrundverständnis anzuwenden wie ein Kochrezept. Es ist legitim dies zu tun, wenngleich diese Vorgehensweise für das Verständnis nutzlos bleibt. Meist ist die Regel schnell wieder vergessen, wenn sie längere Zeit nicht genutzt wird. Dennoch ist unser Verhalten in der Schule und in einer Prüfungsvorbereitung häufig vom Auswendiglernen geprägt. In Gesprächen mit Pädagogen höre ich des Öfteren, dass es zum Beispiel keine logische Erklärung für das Dividieren von Brüchen gäbe. Man müsse sich einfach merken, dass man den ersten Bruch mit dem Kehrwert des zweiten multiplizieren soll.

In schwierigeren und *schwierigsten* mathematischen Themen sind wir also gehemmt, die Logik nachzuvollziehen und sie anschaulich und einfach verständlich aufzubereiten. In *einfachsten* Themen der Mathematik jedoch hindert uns ein anderer Grund. Es ist „zu leicht", zu einfach, um es zu erklären. 4 + 1 ist 5. Warum ist das so? Nach 9 kommt 10, warum? Weil man es so macht, weil man so zählt, weil die Zahlen eben so sind? Ist das eine befriedigende Erklärung?

Ich bin davon überzeugt, dass wir uns im Einfachsten ebenso um logische Erklärungen bemühen müssen wie im Schwierigsten. Wir sollten in der Lage sein, uns in die Denkweisen schwacher und rechenschwacher Kinder einzufühlen, ihre Vorgehensweisen zu verstehen, sie nachzuvollziehen. Erst dann werden wir die richtigen Worte finden, die wirkliches Verständnis hervorbringen. Erst dann werden wir zusammen mit dem Betroffenen eine Basis schaffen, eine Basiskompetenz, die es erlaubt in komplexere, anspruchsvollere Bereiche vorzudringen. Gleichwohl ist es möglich, selbst die unverständlichsten Merksätze und Formeln transparent zu machen. Es ist aber eine *Herausforderung* für den Lehrenden, die viel mehr verlangt, als reines Vermitteln von trockenen, abstrakten, vielleicht selbst nur auswendig gelernten Inhalten.

Oft begegnen mir ältere, erfahrene Pädagogen und Großeltern, die ziemlich wütend werden, wenn ich gegen das Auswendiglernen plädiere. Ich habe Respekt vor deren Erfahrung und inzwischen weiß ich, warum sie so wütend werden. Wenn man nicht bereit ist, in Übung und Automatisierung zu investieren, wenn man als Schüler das Üben verweigert oder vernachlässigt, was soll da werden? „Nur Übung macht den Meister", heißt es in all den Heften, die von rot angestrichenen Fehlern und schlechten Noten übersät sind. Sie haben recht, aber nur mit einer wichtigen Einschränkung:

„Übung folgt auf Verständnis, nicht umgekehrt!"
Was bringt es, etwas zu üben, das man nicht verstanden hat?
Es ist einfach nur vergeudete Zeit!

Und schlimmer noch: Übt man ohne Verständnis, mit einer falschen oder unbrauchbaren Vorstellung, mit einer schlechten Strategie, so automatisiert man ständig diese falsche unbrauchbare Vorstellung, bis sie sich so verinnerlicht hat, dass man selbst durch sehr logische, klare Erklärungen – sollten sie denn einmal auftauchen – nicht mehr davon abzubringen ist! Einmal ganz davon abgesehen, dass so etwas wirklich keinen Spaß macht. Dieser Spaß, diese Freude am Verstehen und Erlernen sind nicht nur nette Nebeneffekte. Sie sind von *entscheidender Bedeutung* für das Lernen, weil das kindliche Gehirn ohne diese Aktivierung nicht ausreichend bereit ist zu speichern.

Wenn Sie das Experiment „Dödl Dumpf" im vorangegangenen Kapitel durchgeführt haben, können Sie diese Erfahrungen in Ihre Therapeutenrolle einbringen. Stellen Sie eine wohlwollende Gesprächsatmosphäre her. Das Kind darf keine Angst haben, sollte am besten auch gar nicht wissen, dass jetzt „Mathe gemacht" wird. Beginnen Sie die Therapie mit einem netten Gespräch über seine Hobbys, über das, was es gerne spielt und toll findet. Nicken Sie bestätigend, sagen Sie Dinge wie „Oh toll!", „Klasse!", „Das finde ich gut" oder Ähnliches und bringen Sie sich ein – hören Sie nicht nur zu – erzählen Sie zum Beispiel kurz, was Sie selbst als Kind in diesem Alter toll fanden. Fragen Sie immer ein wenig nach, gehen Sie etwas ins Detail wie zum Beispiel „Du spielst Fußball, wie war es denn beim letzten Mal? Hast du als Stürmer gespielt? Hattet ihr schon mal ein Turnier?“ Schwenken Sie dann über zu schulischen Themen, fragen Sie, wie das Kind die Schule findet, welche Fächer und welche Lehrer es mag, welche es nicht mag oder welche Schwierigkeiten es hat. Bestätigen Sie auch da wiederum das Kind, damit es merkt, dass es Ihnen auch etwas „Negatives“ erzählen darf, sagen Sie Dinge wie „Das ging mir früher auch so!“, „Das finde ich auch.“

Ohne eine Ausbildung in psychologischer Gesprächsführung ist es natürlich nicht für jedermann leicht, eine angenehme Gesprächsatmosphäre herzustellen. Hier folgen ein paar generelle Tipps für Gespräche jeglichen Inhalts.

Bevor Sie etwas sagen oder antworten versuchen Sie, sich in die Gefühle und Gedanken ihres Gegenübers einzufühlen.

„Wie geht es jetzt wohl diesem Kind, was denkt es, was fühlt es, was befürchtet es, was würde es gerne von mir hören?“ Sprechen Sie zu dem Kind in dem Bewusstsein all Ihrer gewonnenen Eindrücke, während Sie sich „eingefühlt“ haben. Haben Sie zum Beispiel beim **„Einfühlen“** den Eindruck bekommen, dass das Kind sich fürchtet und dringend mehr Selbstbewusstsein benötigt, können Sie eine Einleitung finden, in der Sie vielleicht Ihren Eindruck in eine Handlung umsetzen, aus der das Kind Selbstbewusstsein schöpfen kann. Bitten Sie das Kind, Ihnen bei etwas zu helfen, das Sie alleine nicht können. Man kann aber auch sagen, dass man sich an der Stelle des Kindes fürchten würde, dass man bestimmt Angst hätte, dass jemand sieht, wie schwer einem das Rechnen fällt. Meistens entspannt sich dann so ein Kind und sagt: „Ich habe auch Angst!“

Wichtig ist es, dass diese Art zu sprechen natürlich ist, von Herzen kommt und nicht als Gesprächstrick missbraucht wird. Wenn man fühlt, wie das Kind sich fühlt oder in einer bestimmten Situation fühlen könnte, dann kommen die „richtigen" Worte von selbst. In dem Moment, in dem man an der Situation des Kindes Anteil nimmt, versucht sich vorzustellen, man wäre selbst in der Lage dieses Kindes, ändert sich nicht nur die Wortwahl, sondern auch die Stimme und die Mimik völlig. Durch das entstandene Mitgefühl sind die Worte nicht mehr eine Theaterrolle, um ein widerspenstiges Kind zum Mitmachen zu bewegen, sondern eine Möglichkeit auf derselben „Welle" wie das Kind zu sein. Auf diese Art findet man immer einen Zugang zum Kind.

Ein zweiter wichtiger Punkt, der öfter übersehen wird, ist die **Hierarchie**. Meistens sprechen Erwachsene zu Kindern als Erwachsene, die schon viel mehr können, alles besser wissen. Erwachsene meinen oft, genau sagen zu können, was das „Beste" für das Kind ist, was es tun und was es lassen soll. Der Erwachsene steht auf dem Podest, das Kind sitzt unten und schaut auf. Es muss folgen, freiwillig – dann ist es ein braves Kind – oder zwangsweise – dann ist es ein schwieriges Kind. Aus meiner langjährigen Erfahrung weiß ich, dass diese Hierarchie zwischen Kindern und Erwachsenen nicht nur unangenehm für das Kind ist, sondern auch in den seltensten Fällen zu der Zusammenarbeit führt, die am fruchtbarsten für eine erfolgreiche Therapie ist. Kurzfristig mag dieser „Zwang" zum „Richtigen" oder „Besten" durchaus von Erfolg gekrönt sein, langfristig jedoch muss die Initiative vom Kind ausgehen. Wenn diese Initiative oder Motivation nicht vom Kind selbst kommt, bleibt sie niemals über einen längeren Zeitraum aufrecht. Leider kann kein Erwachsener für das Kind die Klassenarbeit schreiben, kann sich nicht für das Kind etwas merken oder trainieren. Wir benötigen die Eigenmotivation des Kindes dringender als alles Andere.

Damit das Kind profitiert und das auch angemessen zeigen kann, muss die Initiative von dem Kind kommen und nicht von dem Erwachsenen. Der Erwachsene muss die Situation so vorbereiten, dass das Kind den Mut zu dieser Initiative findet. Er darf nicht darauf warten, dass sie von selbst kommt!

Für Erwachsene ist es oft sehr schwierig zuzusehen, wie Kinder **Fehler machen** oder **falsche Entscheidungen** treffen und wir übersehen dabei, dass wir selbst letztlich auch nur durch unsere Fehler gelernt haben und weiser wurden. Bestimmt haben auch Sie in Ihrer Kindheit mal etwas heimlich getan, ohne jemanden zu fragen oder sich zu vergewissern, ob das gut sei. Vielleicht haben Sie einfach ausprobieren wollen, wie es ist, etwas ganz allein zu entscheiden und dann gemerkt, wie unangenehm es sein kann, dass man dafür dann auch die ganze Verantwortung übernehmen muss. Dennoch haben wahrscheinlich gerade solche Situationen Ihr Selbstbewusstsein und Ihren Mut gestärkt, sich auf sich selbst zu verlassen, an eine Grenze zu gehen und sich selbst wieder zu „retten". Diese Erfahrungen sind unser größter Schatz, sie haben unsere Persönlichkeit geformt und unser Wesen zu dem gemacht, was wir uns heute im besten Fall zutrauen. Wir haben aus Erfahrungen gelernt und diese Erfahrungen weisen uns den Weg, zeigen uns Tücken und Gefahren und lassen uns effiziente Strategien entwickeln. Wer nie auf dem „falschen Dampfer" war, der wird den richtigen auch vorbeifahren lassen. Manche Kinder werden auf den richtigen Dampfer gesetzt, aber weil es nicht ihre eigene Anstrengung und Erkenntnis war, sitzen sie da ewig unzufrieden, passiv und unmotiviert und weinen den vermeintlich tolleren, spannenderen Schiffen hinterher. Und deren Eltern sind beleidigt, weil ihre Kinder nicht dankbar sind für all die Entbehrungen und Bemühungen, die sie auf sich nehmen, um ihren Kindern zu helfen. Oft sehe ich solche enttäuschten und genervten Gesichter und deshalb empfehle ich etwas ebenso Schwieriges, aber umso Erfolgversprechenderes: Lassen Sie Ihre Kinder (außer bei Gefahr für Leib und Leben) selbst entscheiden, ihre eigenen Erfahrungen machen, aber auch deren Konsequenzen tragen! Beraten Sie freundschaftlich, ohne zu befehlen. Steigen Sie vom Podest herunter und werden Sie ebenbürtig. Teilen Sie Ihre

Lebenserfahrung mir Ihrem Kind. Informieren Sie, statt zu verbieten. Oft fällt mir auf, dass rechenschwache Kinder ihre Eltern zum Beispiel sogar fragen, was sie anziehen sollen, wenn sie nach draußen gehen. Werden sie sich erkälten, wenn sie ohne Jacke gehen, werden diese Schuhe gleich drücken oder nass werden, weil es nicht die geeigneten sind? Dies ist der richtige Moment um zu antworten: „Ich weiß selbst nicht, was du am besten anziehen sollst, aber vielleicht hilft es dir, wenn du zuerst vor die Türe (auf den Balkon) gehst und dir einmal ansiehst, wie es draußen ist! Dann entscheide, was am besten für dich ist."

Es sind die Ängste und Sorgen, die zunehmend verhindern, dass wir unsere Kinder selbst entscheiden lassen. Wenn sie jedoch nicht selbst entscheiden, müssen sie auch nicht selbst denken und wenn sie nicht selbst denken, das Denken nie schulen, wie sollen sie dann in der Mathematik plötzlich logisch denken?

Dennoch – trotz Ihrer möglichen Bedenken – versuchen Sie es nur ein einziges Mal: Sagen Sie zum Beispiel: „Heute darfst du selbst bestimmen, wann du deine Hausaufgaben machen willst, aber du musst auch die Verantwortung dafür übernehmen. Wenn du etwas über die Verantwortung wissen willst, kannst du mich fragen, ich berate dich gerne." Früher oder später wird das Kind die Vor- und Nachteile seiner Entscheidungen erkennen und wird aufhören unmäßig, planlos, einfallslos oder unlogisch vorzugehen. Es ist nur eine Frage von Geduld Ihrerseits und Zeit seinerseits.

Die *Aufgabe des rechenschwachen Kindes* ist es, immer wieder den Mut zu finden, sich mathematischen Themen zu stellen und nicht aufzugeben. Die *Aufgabe des Therapeuten* ist es, das Selbstbewusstsein des Kindes zu stärken und gleichzeitig seine Basisfähigkeiten aufzubauen, damit es dem Unterricht folgen kann. Die *Aufgabe des Lehrers* ist es, geduldig zu sein und das Kind mit seinen unzureichenden Leistungen nicht bloßzustellen oder unter Druck zu setzen. Die *Aufgabe der Eltern* ist es, an ihr Kind zu glauben, sich keine übertriebenen Sorgen zu machen und es zu lieben, wie es ist. Dies sind sehr hohe Anforderungen, aber nicht selten gelingt eine Behebung der Rechenschwäche besonders gut, wenn alle Beteiligten daran engagiert mitarbeiten.

Die **Rolle des Therapeuten** ist vielfältig. Neben der primären Aufgabe, der Behebung der Rechenschwäche, soll er das Kind zu seiner Aufgabe motivieren, es stärken und zum Durchhalten animieren. Er soll dafür Sorgen, dass die Eltern in die Therapie mit einbezogen werden. Sie sollen nicht nur wissen, was passiert, sie sollen auch gelegentlich an der Therapie teilnehmen, um sich noch besser einfühlen zu können und um Fortschritte besser beurteilen zu können. So können sie ihre berechtigten Sorgen im Zaum halten, sodass ihr Kind nicht so viel davon merkt. Der Therapeut kann eine Kooperation mit dem Lehrer des Kindes initiieren, wenn die Eltern dies wünschen, um mit ihm die für das Kind beste Vorgehensweise abzusprechen.

Im Folgenden möchte ich auf die **Technik** eingehen, die zur primären Behebung der Schwäche geeignet ist. Es ist eine Technik, die beim Kind ein *Verständnis* der mathematischen Logik hervorruft und die garantieren soll, dass das Kind das einmal Verstandene anwenden kann und nicht mehr vergisst.

Je mehr *Spaß* wir vermitteln, desto besser motivieren wir ein Kind.

Wenn es uns gelingen soll, dass Kinder sich etwas Wichtiges merken, müssen wir dafür sorgen, dass sie es *selbst herausfinden.* Alles, was wir vorsagen und erklären, bleibt nur zu einem verschwindend kleinen Teil abrufbar.

Kinder sollten darüber hinaus die *Sinnhaftigkeit des Lehrstoffs* begreifen. Am besten nimmt man ein Rechenproblem zum Anlass, eine neue mathematische Methode zu erarbeiten. Über die *Problemlösung* entdeckt das Kind die logischen Inhalte und versteht ihren Sinn.

Das bedeutet, dass wir mit einer Technik, die ohne Erklärungen auskommt, die besten Erfolge haben. Das Kind entdeckt selbst. Wir sind als Therapeuten die Gehilfen, die alles bereitlegen, Handlangerdienste tun und den Prozess begleiten.

Mit *geschickten Fragen* können wir die nötigen Denkanstöße liefern. Das Kind erlangt dadurch eine große Stärke, weil es immer wieder erfährt, dass es zur Problemlösung in der Lage ist. Das Kind lernt, wie man etwas entdeckt und versteht, welche Zwischenschritte man benötigt, wie wichtig Fehler dabei sind. Das Kind lernt logisches Denken anstelle von sinnlosem Nachplappern. Diese Technik müssen wir jahrelang trainieren, denn wir sind selbst auf Leistung ohne Fehler getrimmt worden. Durch diesen Leistungsdruck ist es schwer geworden, so viel Geduld aufzubringen.

Einem Mädchen der 6. Gymnasialklasse ist es beispielsweise rechnerisch gelungen – angeregt durch den künstlerischen Plan ein kreisförmiges Mosaik herzustellen – den Umfang des Kreises über seinen Durchmesser ohne Anleitung und Formel selbst zu bestimmen. Sie hatte durch die vielen Kreise, die sie im Mosaik von innen nach außen benötigte, eine Annäherung an die Zahl Pi gefunden und entdeckt, dass man den Durchmesser des Kreises nicht viermal nehmen muss, wie in einem Quadrat, das dieselbe Seitenlänge wie der Durchmesser des Kreises hat, sondern dreimal. Wir erinnern uns, dass sich der Umfang eines Kreises aus der Rechnung Pi mal Durchmesser berechnet. Da Pi bekanntlich eine unendliche Zahl ist, die mit 3,14 beginnt, klappt das mit 3-mal. Die Ergebnisse sind zwar recht ungenau, aber brauchbar, um eine schnelle Vorstellung von der Größe eines Kreisumfanges zu erhalten. Beträgt der Durchmesser eines Kreises 5 Zentimeter, wäre der Umfang des Quadrats mit gleicher Seitenlänge gleich 20 (5 + 5 + 5 + 5 oder 4 mal 5). Den Umfang des Kreises könnte man mit 5 + 5 + 5 oder 3 mal 5 gleich 15 rasch annähernd berechnen. Auch die Berechnung der Fläche gelang ihr auf diesem Weg. Ich war erstaunt, dass es einer Schülerin gelingen kann, auf diese Art die Zahl Pi selbstständig zu entdecken. Als ich ihr aus einem Buch vorlas, dass die Quadratur des Kreises viele Mathematiker aus früherer Zeit Jahre ihres Lebens gekostet hatte, war sie zurecht stolz auf ihre Erkenntnisse.

Therapieablauf

Der Therapieablauf gestaltet sich nach den Erkenntnissen der diagnostischen Untersuchung. Man unterscheidet emotionale und leistungsbezogene Defizite. Die emotionalen Bereiche haben in der Regel immer Vorrang. Das Therapieprogramm erstellen wir zusammen mit den Eltern und mit den betroffenen Kindern. Es baut immer von unten nach oben auf, d.h., dass es keinen Sinn macht, eine Fähigkeit zu fördern, die auf einer Fähigkeit aufbaut, über die das rechenschwache Kind noch nicht verfügt (siehe Abbildung).

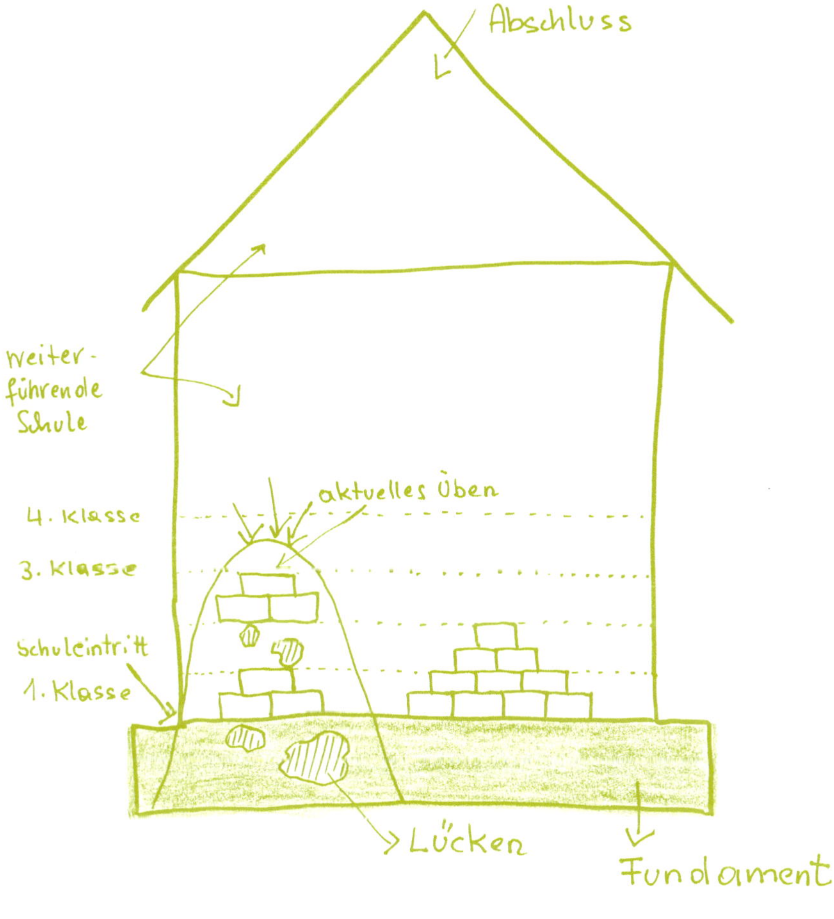

Wie man in der Abbildung sehen kann, ist das **Fundament**, das ein Kind bereits baute, bevor es die Schule betrat, die *Voraussetzung* für *erfolgreiche Leistungen*. Sind dort Lücken, ist alles, was man darauf aufbauen will, wie auf Sand gebaut. Einsturzgefahr droht. An anderen Stellen, an denen das Fundament gut ausgebildet ist, funktioniert das Erlernen neuer Inhalte gut. Behebt man nicht die Lücken, sondern trainiert am aktuellen Schulstoff, wird man bemerken, dass sich der gewünschte Erfolg nicht oder nicht im erwünschten Ausmaß einstellt.

Meist reicht eine Einzeltherapie-Stunde pro Woche und ein gelegentliches „Mathelive"-Training (siehe Kapitel „Mathelive"), wenn die Eltern und die Lehrer die Verantwortung mittragen. Jeder hat seine sinnvolle Aufgabe und wird regelmäßig informiert und auf Wunsch trainiert.

Sinnvolles Üben der aufbauenden Fähigkeiten ist nämlich durchaus wünschenswert und wichtig für den therapeutischen Erfolg.

Die Eltern erhalten wöchentlich Anregungen über nützliche und zugleich lustige Spiele, die sie in den Alltag integrieren können und die auf ihr Kind individuell abgestimmt sind.

Dadurch kann das rechenschwache Kind die wichtigen mathematischen Erfahrungen des alltäglichen Lebens nachholen.

Therapieinhalte für die Grundschulzeit

Ich möchte Ihnen zu den wichtigsten **mathematischen Inhalten** der **Grundschulzeit** therapeutische Vorgehensweisen schildern. Mit Hilfe von Abbildungen werde ich beschreiben, wie man therapeutisch arbeiten kann, um mit einem rechenschwachen Kind schulische mathematische Inhalte zu entdecken und aufzubereiten. *Übungsbücher* zu den einzelnen Themen sind im selben Verlag wie dieses Buch erschienen.

Wie im Kapitel „Geeignete Therapiematerialien" bereits beschrieben, können sie das Mengenverständnis mit der Wasserglasmethode® aufbauen.

Sie benötigen dazu Gläser aus lebensmittelechtem, schadstofffreiem Hartplastik (Polycarbonat) mit einer zylindrischen Form und einer speziellen erprobten Größe, Lebensmittelfarbe, einen Stab zum Umrühren, einen großen Krug (1,5 l Fassungsvermögen), eine wasserdichte Unterlage oder ein Tablett, Küchentücher, um „Schüttkatastrophen" aufzufangen, einige Stunden Zeit und viel Geduld. Die Original Wassergläser erhalten sie kostengünstig im Onlineshop des Verlages in dem auch dieses Buch erschienen ist.

Das rechenschwache Kind darf *spielend entdecken*, es muss nicht rechnen! Bedenken Sie dies stets während der ersten „Schüttstunden". Zu Ihrem Verhalten als Therapeut lesen Sie bitte vorher die Kapitel „Geeignete Therapeuten" und „Geeignete Techniken".

Ihr Schüler darf zunächst ausprobieren, ob ein Schluck Wasser, den er trinkt, genauso groß ist wie der Schluck, den Sie selbst aus einem Glas trinken. (Wahrscheinlich trifft dies nicht zu.) Sie werden gemeinsam entdecken, dass kein Schluck dem anderen genau gleicht und wovon dies abhängt.

Geben Sie stets nur Anregungen, stellen Sie Fragen wie: „Können wir herausfinden, wie groß dein Schluck jetzt gerade war?" Lassen Sie den Schüler nachdenken und antworten. Nun können Sie den Sachverhalt klarstellen, dass es in der Mathematik bestimmte **Annahmen** gibt, die im Alltag nicht in solcher Art vorkommen, nämlich, dass man mathematisch davon ausgeht, dass jeder Schluck genauso groß ist wie der nächste oder der vorherige. *Alle Schlucke sind in der Mathematik gleich groß.*

Teilen Sie Ihrem Schüler mit, dass es eine Spielregel gibt. Wenn ein Glas randvoll ist bis oben hin, dann sind 10 mathematische Schlucke darin. Jetzt kann man überlegen, ob dies günstig ist. Was stellt die Zahl 10 dar? Ist es eine *Lieblingszahl* für Menschen? Warum? Weil wir 10 Finger haben, 10 Zehen, weil 10 die erste Zahl ist, die aus zwei Ziffern besteht (man kann dies natürlich aufschreiben: 1, 2, 3, 4, ..., 10, damit das Kind es besser sehen kann). Ist es leicht mit 10 zu rechnen? 10, 20, 30 ..., kann das Kind dies schon?

In das Glas passen 10 Schlucke. Schütten Sie nun eine kleinere Menge Wasser ein als 10. Raten Sie gemeinsam, wie viele Schlucke dies sein könnten, überprüfen Sie es. Wenn man ein volles Glas (10 Schlucke) auf 10 leere Gläser gerecht aufteilt, erhält man einen mathematischen Zauberschluck. Wenn man etwa 6 solche Schlucke wieder zusammenschüttet, kann man prüfen, ob man die 6 vorher richtig geraten hat. So kann man *Mengen entdecken, prüfen,* aber auch *raten.* Das Raten oder Schätzen von Zahlen anhand der Wasserstände unterstützt besonders das *intuitive Erfassen* einer Menge ohne sie abzuzählen.

Dieser Prozess nimmt viel Zeit in Anspruch. Es ist wichtig, nicht im Eiltempo über diese entscheidende Phase der Mengenbildung hinwegzugehen.

Der nächste Schritt ist das Erkennen einer Menge in der Menge, das Erkennen einer Teilmenge.

Wir haben herausgefunden, dass 5 Schlucke das Glas zur Hälfte füllen und dass ein Schluck dazu geschüttet eine Menge von 6 Schlucken ergibt, die etwas höher ist als 5 Schlucke. Lässt die Menge 6 die Menge 5 noch erahnen? Können wir die 5 in der 6 noch sehen? Wenn das Kind das versteht, kann man sich auch an schwierigere Mengen wagen. Was kann man in der 7 entdecken? Vielleicht auch die 5? Oder eine 4 und eine 3? Hat das Kind große Schwierigkeiten, kann man zum Beispiel ein Glas mit 5 Schlucken, das man zuvor gemeinsam mit mathematischen Zauberschlucken hergestellt hat, stehen lassen und mit dessen Hilfe die anderen Mengen schätzen.

Dies erleichtert den Mengenbildungsprozess. So kann man beispielsweise 4 Schlucke in ein Glas füllen, 3 Schlucke in ein anderes Glas, diese dann zusammenschütten und nun prüfen, ob es tatsächlich 7 Schlucke sind.

Manchmal kann es vorkommen, dass ein Kind das einfach nicht schafft. Dann muss das Kind erst noch einmal an 6 hochgestreckten Fingern überprüfen, ob es überhaupt möglich ist, dass sich eine andere Zahl in einer 6 versteckt!

Jetzt können wir langsam zu den **„Freunden"** kommen. Die besten Zahlenfreunde sind jene, die zusammen ein Glas voll machen – also 10 ergeben. Wir entdecken die Zwillinge 5 und 5, die Freunde 6 und 4, 7 und 3, 8 und 2, 9 und 1 schrittweise. Der Therapeut wird nur als Helfer begleiten, die Freunde nicht vorsagen. Das Kind entdeckt wie ein *Matheforscher* durch seine Schüttversuche diese Freundschaften und kann sie aufschreiben.

Diese Aufzeichnungen des Kindes kommen in eine **Mathe-Entdeckermappe**, die man dafür bereitstellen kann.

So zeichnet Manuel die Freunde:

Es ist wichtig zu wissen, dass man mit einem 11-jährigen Kind genauso verfährt wie mit einem 6-jährigen; beide durchlaufen diesen Mengenbildungsprozess, falls eine Rechenschwäche mit mangelndem Mengenverständnis vorliegt. Das 11-jährige Kind wird vielleicht schneller entdecken, aber man darf sich als Therapeut nicht scheuen, auch mit älteren rechenschwachen Kindern dort anzufangen, wo die Probleme ihren Anfang nahmen. Es wird sich später in der abstrakteren Mathematik bezahlt machen.

Wenn wir im Zahlenraum bis 10 genug geforscht haben, die Freunde kennen, Mengen zerlegen können, geschüttete Wasserstände gut erraten können (und dabei geht es nicht um Millimeter!), dann haben wir eine solide Basis für die höheren Zahlenräume.

Besteht einmal ein Zweifel, ob es sich um eine 6 oder 7 handelt, weil das Wasser nicht eindeutig hoch steht, kann man auf die Notwendigkeit hinweisen, dass die Mathematiker später noch genauere Zahlen als 6 oder 7 berechnen werden und dass man sie mit Komma schreiben wird. *Das Kind entdeckt selbst – die Informationen liefert der Erwachsene.* Damit schafft er unter Umständen auch gleich die Motivation die Dezimalzahlen zu entdecken. Wenn das Interesse erst einmal geweckt ist, soll man es nicht bremsen. Der eine oder andere Ausflug in aufbauende Stoffgebiete kann in so einem Fall durchaus sinnvoll sein. Meist wird damit tiefes Verständnis für die Wichtigkeit und den Sinn der höheren Mathematik bewirkt, was gerade rechenschwache Kinder so dringend benötigen.

Auch wenn wir uns danach dem Zahlenraum bis 100 zuwenden können, sollten die erworbenen Grundfähigkeiten, mit den Freunden umzugehen und Mengen zu zerlegen, in den ersten Wochen und Monaten stets gelegentlich wiederholt werden, um sie verfügbar zu halten und im Gedächtnis zu festigen.

Ist der 10er-Raum erfasst, ist es an der Zeit, *zusammengesetzte Zahlen* zu entdecken, wie zum Beispiel 10 und 5. Wie heißt diese Zahl, wie schreibt man sie, wie erkennt man in einer aufgeschriebenen Zahl „15" noch das volle Glas, den 10er? Vielleicht, indem man um die 5 einen Kreis zieht (siehe Abbildung)?

So kann man den 10er vielleicht noch besser erkennen.

15 heißt jetzt „ein volles Glas und 5 Schlucke extra". Wie würde man denn 47 herstellen? Man würde 4 volle Gläser und 7 Schlucke extra eingießen. Auch hier kann man wieder ausprobieren und entdecken. Wie kann man 6 volle Gläser und 3 Schlucke als Zahl schreiben?

Danach können wir versuchen, uns Zahlen *„im Kopf"* vorzustellen, sie mit geschlossenen Augen zu sehen, so als würden wir fernsehen. Wie sieht eine 52 aus? *Damit fertigen wir Bilder von Mengen.* Eine Überlegung kann wichtig sein: Ist 18 das Gleiche wie 81? Wir schütten. Oh je, es ist eine völlig andere Menge! Wir schreiben diese Erkenntnis in unsere Entdeckermappe, um sie nicht mehr zu vergessen.

Jetzt haben wir schon mehrere Stunden in unsere Wassermengen investiert, ohne zu rechnen; und noch immer sind wir nicht dort angelangt. Zuerst werden wir raten, statt zu rechnen.

8 Schlucke in einem Glas, 5 in einem anderen. Passt es in ein Glas, wenn wir es zusammenschütten? Wir versuchen es. Nein! Wir erinnern uns, dass der Freund von der 8 die 2 war. Es kann nicht passen. Es läuft über. Wie viele Schlucke bleiben als Rest, weniger als 5 Schlucke? Vielleicht 2 oder 3? Das ist gut. Wir entdecken die richtige Lösung.

Jetzt versuchen wir es mit größeren Mengen. 18 und 5, 28 und 5, 38 und 5. Was könnte das Ergebnis sein, wenn wir es zusammenschütten? Gibt es Zusammenhänge? *Sind sie zufällig?* Vielleicht! Wir testen noch 48 und 5, 58 und 5, 68 und 5. *Langsam glauben wir nicht mehr an Zufälle.* Immer bleiben 3 Schlucke im letzten Glas übrig!

Es ist wichtig zu erwähnen, dass wir bis dahin nur Zahlen aufgeschrieben haben! Keine Rechnungen!

Rechnungen aufzuschreiben macht erst Sinn, wenn wir die Schreibweise erklärt haben und das rechenschwache Kind es verstanden hat. Und dazu kommen wir, wenn wir unsere *Ratephase* ausgekostet haben. Wir können viele Dinge raten, zum Beispiel, was könnte es geben, wenn man 32 zu 59 schüttet? Also bestimmt 8 volle Gläser. Ja, bestimmt! Und was ist mit dem Rest? Passen 9 und 2 zusammen? Nein! Noch ein volles Glas, ein Schluck übrig. Welche Zahl raten wir also? 8 volle Gläser, 1 Schluck? Wir schütten. Es sind 9 volle Gläser und 1 Schluck! Wir haben das eine zusammengeschüttete Glas vergessen. Wir nehmen uns vor, das nächste Mal auf solche zusammengeschütteten Gläser acht zu geben.

Wie wäre es, 38 Schlucke mit 43 Schlucken zusammenzuschütten? Was passiert? 7 oder 8 volle Gläser? 8! Super, es hat geklappt!

Wieder haben wir etwas herausgefunden (ohne zu zählen!). Eigentlich haben wir schon prima im Kopf gerechnet, finden Sie nicht auch? Jetzt sind wir an dem Punkt angelangt, an dem wir anfangen können, Rechnungen aufzuschreiben.

Wir sollten nicht davon ausgehen, dass rechenschwache Kinder aufgeschriebene Rechnungen gleich verstehen. Die *mathematische Sprache* ist eine *Fremdsprache*, deren Zeichen erst erarbeitet werden müssen, ehe man sie gebraucht.

Wir spielen „Kaffeehaus": Mama besucht ein Café und bestellt etwas zu trinken. Sie bestellt 8 Schlucke Tee. Das ist ihr aber noch nicht genug; sie bestellt noch 6 Schlucke Tee dazu. Wie viele Schlucke Tee hat sie, wenn sie jetzt alles zusammenschüttet?

Wir schütten und schreiben den Text auf, so ähnlich, wie er oben steht. Das Schreiben dauert lange, ist anstrengend. Geht es auch kürzer? Hoffentlich, denn wir wollen lieber Schutten, als kleine Aufsätze schreiben. „Zum Glück", erzähle ich jetzt, „haben sich die Mathematiker schon vor langer Zeit Zeichen ausgedacht, mit denen man das viel kürzer aufschreiben kann." Wenn Mama 8 Schlucke Tee bestellt, schreiben wir eine 8, wenn sie noch 6 Schlucke dazu bestellt, schreiben wir + 6 und wenn wir wissen möchten, was dies zusammengeschüttet ergibt, schreiben wir = 14. Eine Rechnung ist fertig. Sie lautet: 8 + 6 = 14. Es ist eine **„Mama-Geschichte"**.

Mama hat nicht genug. Sie bestellt immer noch etwas dazu. Wir üben das Lesen von „Mama-Geschichten". 9 + 8 = 17, 15 + 2 = 17, etc. Das rechenschwache Kind kann die Geschichten erzählen, die da aufgeschrieben sind. Die Rechnungen sind vollständig ausgerechnet, sodass das Kind sich völlig auf das Geschichtenerzählen konzentrieren kann. Wenn es klappt, darf das Kind eine Mama-Geschichte erzählen und der Therapeut schreibt sie auf. Danach tauschen wir die Rollen. Wir überlegen uns, woran man *Mama-Geschichten* auf den ersten Blick erkennen kann ... Am „+“!

Bald schon können wir damit beginnen, von eingeschütteten Schlucken etwas wegzutrinken. Wir schütten 15 Schlucke und trinken 10 Schlucke weg. Wer nicht mehr durstig ist, kann die Schlucke vom Glas auch wieder in den Krug zurückschütten. Was bleibt uns danach übrig? Wir überlegen uns noch andere Beispiele, wie zum Beispiel 15 Schlucke eingießen, 9 Schlucke wegtrinken. Wir bemerken, dass wir jetzt verschiedene Möglichkeiten haben, die 9 Schlucke wegzutrinken (siehe Abbildung).

Welches Glas würden Sie wohl nehmen, wenn Sie vorhätten 9 Schlucke wegzutrinken? Vielleicht eher das volle Glas?

Wir versuchen es. Wenn wir 9 Schlucke wegtrinken, bleibt der Freund der 9 allein, 1 Schluck bleibt zurück. Den „spucken" wir jetzt zur 5 dazu und sehen, dass 6 Schlucke übrig sind. Geht es auch anders? Können wir auch beim Glas mit den 5 Schlucken anfangen? Wie würde es dann laufen? Wir spielen alles durch. Welche Möglichkeit ist schneller oder leichter?

Das rechenschwache Kind darf immer *die Möglichkeit* verwenden, die es *lieber mag*. Aber durch viele Versuche wird es bemerken, dass auch ein anderer Weg möglich ist und es wird verstehen können, warum die Lehrerin in der Schule meistens nicht aus dem vollen Glas wegtrinken will. Manchmal ist das auch praktischer, zum Beispiel bei der Rechnung: 15 Schlucke werden bestellt, 4 trinken wir weg. Wir denken uns gemeinsam einige Rechnungen aus und überlegen jeweils – nachdem wir die Mengen geschüttet haben – welche Möglichkeit die bessere ist.

Bald merken wir, dass es ziemlich lange dauert, so eine Rechengeschichte aufzuschreiben – so wie bei den „Mama-Geschichten". Wir lernen, wie man sie mit mathematischen Zeichen aufschreibt. Wir bestellen 26 Schlucke, dafür schreiben wir 26, dann trinken wir 10 Schlucke weg, denn unser Durst ist heute groß, dafür schreiben wir – 10. Jetzt überlegen wir, wie viel Schlucke noch übrig bleiben und schreiben dann = 16. Eine **„Papa-Geschichte"** ist entstanden: 26 – 10 = 16.

Nun üben wir das Lesen von „Papa-Geschichten": 35 – 15 = 20. Papa bestellt 35 Schlucke Limonade. Er trinkt 15 Schlucke weg, jetzt hat er noch 20 Schlucke übrig. Wir erfinden abwechselnd Papa-Geschichten und schreiben sie auf.

In der nächsten Stunde schreibe ich eine Mama- und eine Papa-Geschichte auf und prüfe, ob das Kind sie erkennt und erzählen kann. Klappt es, können wir fortfahren, wenn nicht, überlegen wir uns alles mit anderen Zahlen noch einmal. So lange, bis das Kind es versteht.

Wenn Sie bemerken, dass das Schütten genügend erfahren wurde, können Sie das Kind bitten, sich *die Schlucke* in den Gläsern vorzustellen und dann *mit Farbstiften* in bereits fertig gezeichnete Gläser auf einem Blatt Papier *einzuzeichnen*. Das trainiert die Vorstellung und ermöglicht uns mehrere Rechenaufgaben in einer Stunde zu machen (siehe Abbildung).

Wir überlegen uns eine Papa-Geschichte. Zum Beispiel: Papa bestellt 38 Schlucke Kaffee und trinkt 18 Schlucke weg. Das Kind kann jetzt überlegen, ob es die 38 Schlucke oder die 18 Schlucke aufmalen muss, um die Geschichte lösen zu können. Es wird erkennen, dass die Bestellung immer vor dem Trinken erfolgen muss, weil man sonst nichts hat, was man trinken könnte!

Sind die 38 Schlucke aufgemalt, können wir versuchen uns vorzustellen, dass die 18 Schlucke weggetrunken werden. Was bleibt übrig? „20".

Meist ist den rechenschwachen Kindern gar nicht bewusst, dass sie schon eine „schwere" Minusaufgabe gerechnet haben. Ganz schnell, ohne mit den Fingern zu zählen. Wenn man das lobt, sind sie oft sehr stolz und das ist enorm wichtig für ihr Selbstbewusstsein. Wenn diese einfachen Minusaufgaben gut gefestigt sind und das Kind sie auch ohne Schütten, nur durch Vorstellen der Wassergläser lösen kann, können wir fortfahren.

Bei *schwierigen Minusaufgaben* müssen wir uns wieder anstrengen, um uns diese vorzustellen.

Ein Beispiel:
Wir zeichnen eine Papa-Geschichte. Papa bestellt 43 Schlucke (siehe Abbildung).

Er trinkt 18 Schlucke weg. Wir stellen fest, dass es, wie schon öfter, sehr nützlich ist, wenn wir die Freunde nicht vergessen. Der Freund von der 8 ist die 2. Trinken wir aus einem Glas 8 Schlucke weg, bleiben 2 Schlucke übrig.

Wir überlegen uns, dass wir für das Trinken der 18 Schlucke nur 2 volle Gläser benötigen, die anderen Gläser bleiben unberührt. Wir können – falls dies erleichternd ist – auch die 18 Schlucke durchstreichen (siehe Abbildung).

und sehen, was übrig bleibt: 2 Schlucke zu den 3 „gespuckt" gibt 5. Ergebnis: „fünf und zwanzig". Wir schreiben die Papa-Geschichte auf:

43 – 18 = 25 und staunen, was wir jetzt schon rechnen können. Wir werden so lange Schlucke schütten, uns vorstellen und aufzeichnen, bis wir die Vorstellung von Mengen so exakt trainiert haben, dass wir uns die Gläser „im Kopf" ohne Probleme vorstellen können. Erst dann sind wir zu *Kopfrechnern* geworden.

Dies dauert erfahrungsgemäß etwa ein halbes Jahr, manche Kinder lernen es schneller, manche benötigen auch ein Jahr dafür. Wichtig ist es, sie immer wieder zu fordern, ohne sie zu überfordern. Besser ist es, wir üben die Vorstellung drei Monate länger, bis sie wirklich klappt, als durch unangebrachte Eile und Ehrgeiz den Therapieerfolg zu gefährden.

Eine wichtige Geschichte für rechenschwache Kinder ist die **Geschichte der Araber.** *Sie handelt davon, wie unsere Zahlen erfunden wurden.* Sie hilft uns zu erkennen, wie unser Dezimalsystem aufgebaut ist und nach welcher Logik es funktioniert. Man kann sie erzählen, wann immer man es in den Anfängen einer Therapie für angebracht hält.

Sie erinnern sich vielleicht, dass ich bereits erwähnte, man müsse erklären können, warum nach 9 die 10 kommt. *Hier ist die Erklärung:*

„Vor langer, langer Zeit haben einst die Inder und die Araber die Zahlen erfunden, die wir heute verwenden. Wie das vor sich gegangen sein könnte, will ich dir heute erzählen. Sie waren sehr stolz auf ihre Kamele, Ziegen und Pferde und jeder wollte wissen, ob er mehr hat als seine Freunde und Nachbarn. So kam es, dass es ihnen lästig war, immer wieder nachzuzählen, sie wollten die Zahlen aufschreiben können. Natürlich hätten sie jedes Kamel einfach aufzeichnen können, aber wer will schon 100 Kamele aufzeichnen, das dauert viel zu lange. Vielleicht hätten sie auch für jede Ziege einen Strich machen können, aber immer hundert oder tausend Striche zu zeichnen ist auch anstrengend und man verzählt sich leicht." Da Kinder dies bezweifeln, sollte man es unbedingt einmal versuchen.

„Also wählte man für jede Zahl ein Zeichen aus. Die Null schrieb man als Kreis, in dem nichts drinnen ist. Ein „Nichts". (Null heißt auf arabisch „sifr" zu deutsch „Leere".) Die Eins schrieb man als Strich, später entwickelte sich daraus die „1", die Zwei schrieb man schließlich so: „2", die Drei als zwei halbe Bögen „3". Die Vier so: „4", die Fünf als zwei Striche mit einem Bogen in die andere Richtung „5", die Sechs als Kreis mit einem Strich nach oben „6", die Sieben fast so wie die Eins „7", die Acht als zwei Kreise übereinander „8" und die Neun als einen Kreis mit einem Strich nach unten „9". Dann ging es weiter. Für die Zehn dachte man sich ein Quadrat aus, für die Elf ein Quadrat mit einem Strich nach oben, für die Zwölf nahm man ein Quadrat mit einem Strich nach unten, für die Dreizehn entschied man sich für einen Spirale, für die Vierzehn wählte man ein Zickzack und so ging es weiter, was hättest du für die Fünfzehn erfunden, vielleicht ein Herz?“

Wir erfinden zusammen noch einige Zeichen, bis uns nichts mehr einfällt. Jetzt zählen wir.

Wir versuchen jetzt, uns diese Zeichen zu merken und stellen fest, dass das sehr, sehr schwierig ist. „Leider ging das den Arabern auch so. Sie erfanden viele, viele Zeichen, über hundert, aber das war ganz fürchterlich kompliziert. Doch auf einmal hatte ein Araber eine ziemlich gute Idee. Er sagte: „Ich kann mir nur die Zeichen bis zur Neun merken, die kann ich inzwischen auswendig, 0, 1, 2, 3, 4, 5, 6, 7, 8, 9, und dann beginne ich wieder von vorne. Seht her!“ Dann zeichnete er folgendes auf:

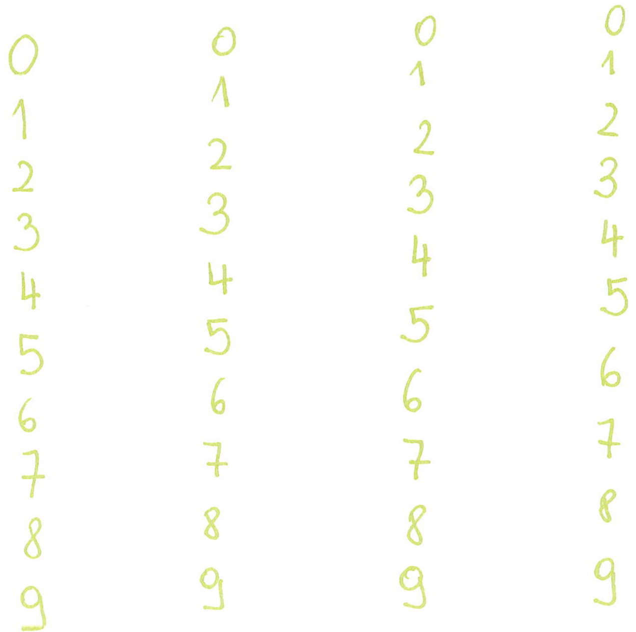

„So“, sagte der Araber, „kann ich immer weiter machen und ganz viele Zahlen mit wenigen Zeichen aufschreiben.“ „Nein, nein,“ rief ein anderer, der gar nicht damit einverstanden war, „das geht doch nicht, man kann so doch gar nicht sehen, dass du vier Kamele hast und ich vierzehn! Bei beiden ist doch in deinem System das Zeichen „4“, da sieht doch keiner einen Unterschied, zwischen deiner 4 und meiner 4!“

Das stimmte, viele bemerkten dies nun und waren ganz unglücklich, hatten sie sich doch schon so auf eine einfache Lösung gefreut, keiner wollte so viele Zeichen auswendig lernen.

Plötzlich hatte ein Freund des Arabers einen tollen Einfall. Er sagte, „Wenn ich die erste Reihe mit den Zeichen 0 bis 9 stehen lasse, dann habe ich doch hier die erste doppelte Reihe, in der man etwas verwechseln kann.“

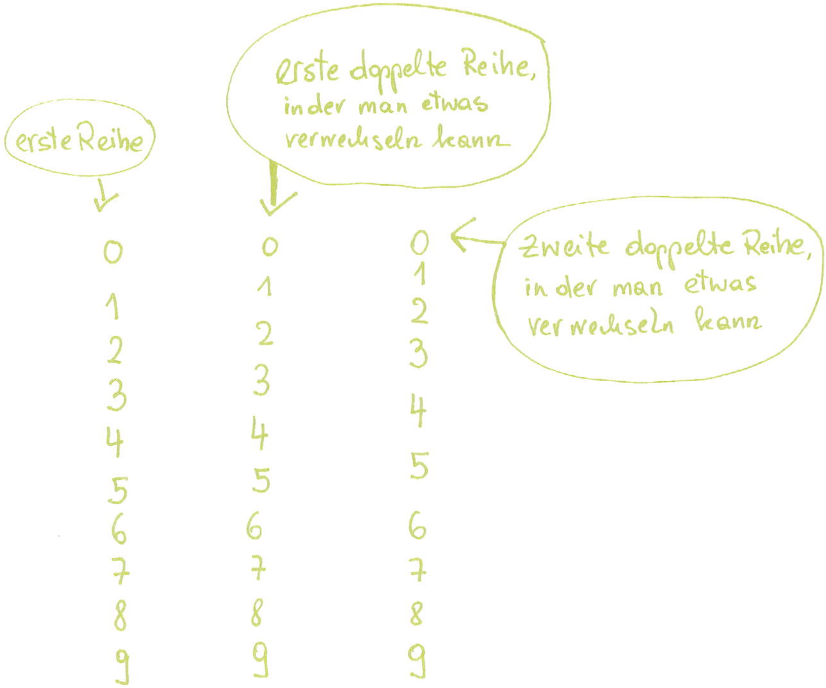

„Klar“, alle nickten, „jetzt schreibe ich für diese erste doppelte Reihe eine 1 vor jedes Zeichen, so kann es keiner mehr verwechseln!“

Ein toller Plan, alle waren begeistert. Vor die Zeichen der zweiten doppelten Reihe schrieben sie eine 2.

Vor die Zeichen der dritten doppelten Reihe schrieben sie eine 3 und so ging das weiter.“

0	10	20	30	40
1	11	21	31	41
2	12	22	32	42
3	13	23	33	43
4	14	24	34	44
5	15	25	35	45
6	16	26	36	46
7	17	27	37	47
8	18	28	38	48
9	19	29	39	49

Jetzt können wir leicht entscheiden, wer mehr Kamele hat und wir wissen, worauf wir bei einer Zahl achten müssen, wenn wir entscheiden wollen, welche Zahl größer und welche kleiner ist.

„So machten sie es jetzt mit ganz vielen Reihen, bis sie bei der neunten, doppelten Reihe angelangt waren (siehe Abbildung). Wieder schrieben sie alle Zeichen von 1 bis 9 auf, die sie jetzt alle schon gut auswendig kannten. Was haben sie wohl vor die nächste doppelte Reihe geschrieben? Was kommt denn nach der neunten doppelten Reihe? Und nach der zehnten doppelten Reihe – was kommt da? Die elfte doppelte Reihe – genau!"

90	100	110
91	101	111
92	102	112
93	103	113
94	104	114
95	105	115
96	106	116
97	107	117
98	108	118
99	109	119

Jetzt kann man weiter forschen und die 99ste doppelte Reihe aufschreiben. Das Kind kann überlegen, was danach kommt. Die hunderste doppelte Reihe?

Wir erkennen an unseren Aufzeichnungen deutlich den Unterschied zur Hundertertafel, die in den Schulen in der 2. Klasse gerne verwendet wird. Der Unterschied ist eigentlich sehr klein, aber wesentlich für das Verständnis der zugrunde liegenden Logik. Unsere Zahlen beginnen bei 0, die in der Hundertertafel bei 1; unsere Zeilen enden bei 9, denn dann fängt etwas Neues an, die nächste doppelte Reihe – die Zeilen in der Hundertertafel enden bei 10, 20, 30, usw. So kann man die Wiederholungsschleifen nur schlecht sehen. Schade eigentlich, dass bei Schulmaterialien oft zu wenig an die dahinter liegende Logik gedacht wird.

Wir denken uns Mama- und Papa-Geschichten aus und schreiben die Mama-Geschichte auf die linke Seite eines Blattes Papier, die Papa-Geschichte auf die rechte Seite.

Was fällt uns auf? Wir denken an die Araber und zeichnen über die größte Zahl jeder Rechnung eine Krone. Der König der Rechnung ist die größte Zahl. Dies könnte so aussehen:

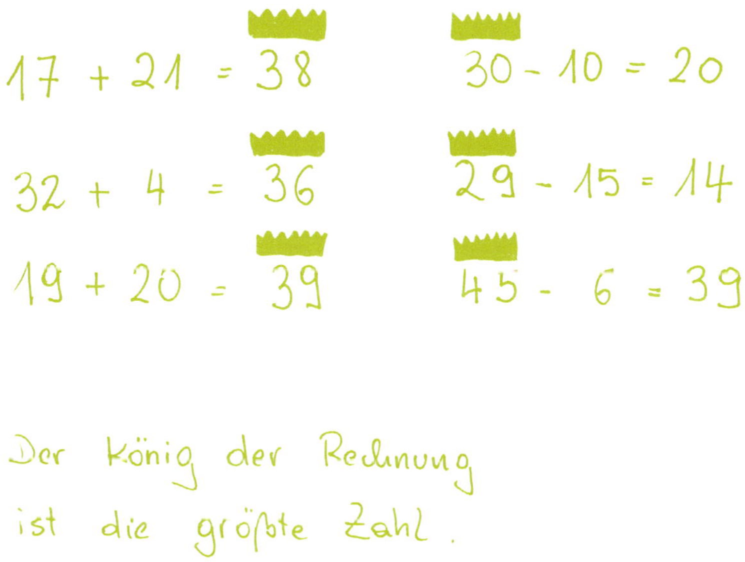

Ist das ein Zufall, dass der König bei der Mama-Geschichte (Addition) immer die Summe, das Zusammengeschüttete ist und bei der Papa-Geschichte (Subtraktion) immer Papas Bestellung der König ist? Wir prüfen die Position des Königs (der größten Zahl) an verschiedenen Plus- und Minusaufgaben, die wir erfinden.

Jetzt können wir überlegen, ob wir eine Mama-Geschichte in eine Papa-Geschichte verwandeln können, wenn wir die gleichen Zahlen verwenden.

$$10 + 5 = 15$$

Kann man eine Mama-Geschichte in eine Papa-Geschichte verwandeln?

Es kann eine Weile dauern, bis das rechenschwache Kind dies herausfindet. Wir können helfen, indem wir gemeinsam überlegen, dass die 15 der König ist und wo der König bei der Papa-Geschichte steht.

$$15 - 10 = 5$$

Gibt es noch eine andere Möglichkeit?

$$15 - 5 = 10$$

Wir verwandeln jetzt beliebig viele Mama-Geschichten in Papa-Geschichten und umgekehrt. Wir sind jetzt soweit, mathematische Detektive zu werden.

Was können wir tun, wenn uns nur ein Teil einer Mama-Geschichte verraten wurde?

Mama hat am Anfang Tee bestellt, wie viele Schlucke es waren, wissen wir leider nicht – dies ist noch ein Geheimnis. Aber sie bestellte noch 6 Schlucke und am Ende hatte sie 20 Schlucke. Wir schreiben diese Geheimnisaufgabe auf:

Falls das Kind noch nicht weiß, wie es auf das Geheimnis kommen soll, zeichnen wir den König ein und denken, dass es in jeder Mama-Geschichte, die wir kennen, nur einen König gibt.

Wir verfolgen die Spur zurück, so wie Detektive dies tun. Wir können dies auch bei Papa-Geschichten ausprobieren:

Wo ist der König? Wo ist das Geheimnis? Ja, klar, wir haben es herausgefunden:

Das Zaubertuch verhüllt jetzt den König.

Wir sind schon bald Meisterdetektive, so schnell kann uns keiner mehr reinlegen!

Vielleicht ist es nützlich zu erwähnen, dass die Lehrerin in der Schule meistens kein Zaubertuch benutzt, sondern einfach nur ein Kästchen aufmalt, das noch leer ist. Das sieht dann so aus:

Elena antwortet: „Ins Kästchen kommt 24 rein!" Prima! Ich sage, manche Kinder würden jetzt 20 – 4 rechnen und 16 in das Kästchen schreiben. Warum kann das nicht stimmen? Die Erklärung, die ich dann bekomme, versetzt mich in Verzückung. Elena erklärt mir, dass eine Papa-Geschichte damit beginnt, dass der Papa ganz viel Saft bestellt, von dem er später trinkt. Das Zaubertuch ist dieser viele Saft, der König, also muss ich 20 und 4 zusammenschütten, eine Mama-Geschichte daraus machen – ist doch logisch! Deshalb ist 16 einfach falsch!

Noch vor nicht allzu langer Zeit hätte Elena vielleicht noch nicht einmal bemerkt, dass etwas an 16 – 4 = 20 falsch sein könnte und selbst wenn, hätte sie geantwortet, dass man das eben so machen muss. Dies hätte man ihr erklärt; warum – das wüsste sie nicht und das ginge eben immer so. Auch bei Plus? Ja – auch bei Plus, das müsse man sich einfach merken.

Mit der Null haben wir bewusst noch keine „Königaufgaben" gemacht, um keine Verwirrung zu stiften. Die Position des Königs ist zum Beispiel bei der Aufgabe 0 + 24 = 24 nicht nur an einer Stelle. Gleiches gilt zum Beispiel für 31 – 31 = 0. Auch hier gibt es zwei Könige. Das kann erforscht werden, wenn alle anderen Erkenntnisse gefestigt sind.

Nun fehlt uns noch die Multiplikation und die Division. Dazu benötigen wir **„Oma-"** und **„Opa-Geschichten"**.

Wie das Leben so ist, sind Omas und Opas ein wenig anders als Mamas und Papas (die Großeltern mögen es mir bitte verzeihen!).

Die Oma kommt zu Besuch. Sie bestellt erst einmal 5 Schlucke Wasser. Wir laufen in die Küche und bringen es der lieben Oma gerne. Dann will die Oma doch noch 5 Schlucke dazu und wir laufen wieder in die Küche und bringen der Oma gerne noch mal 5 Schlucke. Die Oma ist aber noch nicht zufrieden, sie möchte abermals 5 Schlucke Wasser dazu. Wieder laufen wir in die Küche und bringen der lieben Oma, was sie will. Dies geht eine Weile so. Wir spielen dies natürlich als Rollenspiel und laufen wirklich in die Küche. Bald ist es uns aber zu dumm. Wir sind jetzt 6-mal in die Küche gelaufen! Hätte Oma nicht gleich sagen können, dass sie 6 Gläser mit „immer“ 5 Schlucken haben will? Wir zeichnen die Geschichte.

Oma bestellt 6-mal hintereinander 5 Schlucke Wasser.

Die Oma hat 30 Schlucke bestellt. Das wäre auch einfacher gegangen! Eine lange Geschichte; kann man sie kürzer schreiben?

Marius diktiert mir: 5 + 5 + 5 + 5 + 5 + 5. Das kommt mir immer noch zu lang vor. Wir spielen weiter.

Die Oma will sehen, wie lange wir hilfsbereit sind. Sie bestellt 3 Schlucke Tee. 15-**mal** hintereinander laufen wir in die Küche.
3 + 3 + 3 + 3 + 3 + 3 + 3 + 3 + 3 + 3 + 3 + 3 + 3 + 3 + 3

Aber dieses „**Mal**" haben wir in Mathe doch schon mal gehört! „Oh ja", ruft Marius aufgeregt. Er ist schon durch und durch Matheforscher. „Man schreibt es 15 · 3." Toll! Geht das auch bei Mama-Geschichten? Wir überprüfen das.

15 + 3 + 18 + 19 + 6 + 7

Nein, nur die Oma bestellt immer das Gleiche. Ich frage, woran Marius das so schnell sähe, dass man bei 8 + 8 + 8 + 8 auch 4 · 8 schreiben kann. Er erklärt, dass man doch 4-mal in die Küche laufen müsse. Vier 8er ist doch leicht, oder?

Wir testen jetzt, ob man horen kann, ob es eine Mama- oder eine Oma-Geschichte ist.

Jemand bestellt 6 Schlucke und 6 Schlucke und 6 Schlucke: Oma (3 · 6).

Jemand bestellt 6 Schlucke und 2 Schlucke und 7 Schlucke: Mama (6 + 2 + 7).

Falls Oma öfter zu Besuch kommt, wollen wir uns die Sache erleichtern. Wir beschließen, sie immer erst zu fragen, wie viele 6er Schlucke sie haben möchte, um dann gleich die gesamte Menge Tee zu servieren.

Dazu zeichnen wir ein Bild von allen Ergebnissen von 1-mal bis 10-mal in die Küche laufen. Wir sind beim Einmaleins gelandet.

Wie kann man Rechenschwäche beheben?

Wir schütten zuerst 6 gestreifte Schlucke, dann 6 gepunktete Schlucke und immer so weiter.

Das Muster wiederholt sich.

Das ist die 6er-Reihe.

Wir schreiben die Schlucke auf Hocker.

So sieht das Muster mit Zahlen aus. Die Hocker die unter einander stehen haben immer die selbe Anzahl Einer im Rucksack!

Was haben wir entdeckt?

Gott sei Dank muss man sich nur die halben Ergebnisse merken! Für den Fall, dass solche Geschichten sich wiederholen, versuchen wir uns alle Ergebnisse zu merken. Erst schütten wir wieder. Wenn die Oma 6 · 6 Schlucke bestellt, bringen wir 36. Bestellt sie 8 · 6 Schlucke, bringen wir 48 und so weiter.

Dann versuchen wir es mit leeren Wassergläsern virtuell zu schütten. 6 Gläser mit je 6 Schlucken, was passiert wenn man alles zusammenschüttet? Welches Muster entsteht? Dann üben wir mit geschlossenen Augen und kontrollieren immer wieder das Ergebnis am Bild. Dies tun wir jetzt jeden Tag, eine Woche lang, ab dann 1- bis 2-mal pro Woche! Jede Woche nehmen wir ein neues Muster dazu. Wir halten uns an folgende Reihenfolge:

6, 2, 4, 8, dann behandeln wir die Muster für 3, 9 und 7.

Bei allen Reihen schütten wir zuerst die Oma-Geschichten mit und ohne Wasser, dann malen wir die Muster und beobachten, ob es eine Musterwiederholung gibt. Erst dann schreiben wir die Ergebnisse auf unsere Hocker und üben die Vorstellung der Oma-Geschichten.

Bei den Übungen beginnen wir stets mit den Malaufgaben des ersten Hockers und machen mit dem sechsten Hocker weiter (siehe Abbildung), um den Trick mit der gleichen Anzahl an Einern im Einmaleinsmuster auszunutzen.

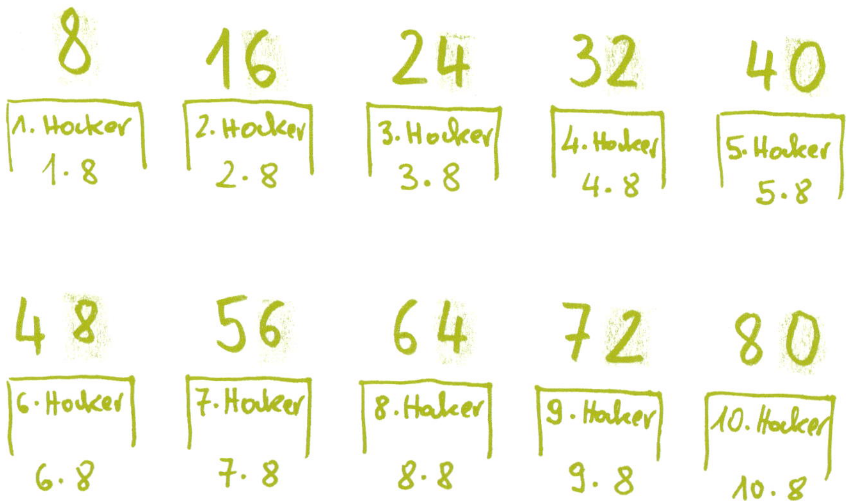

Wir üben zuerst nach dem Muster.

1 · 8 = 8 , 6 · 8 = 48 ,

10 · 8 = 80 , 5 · 8 = 40 ,

2 · 8 = 16 , 7 · 8 = 56 , und so weiter.

Erst mit offenen, dann mit geschlossenen Augen.

Dann nehmen wir den 6. Hocker zum 1. Hocker dazu, danach den 2. und den 7. Hocker, dann den 3. und 8. Hocker. Zuletzt den 4. und 9. Hocker. Zwischendurch wiederholen wir immer alle bereits gewussten Hocker.

Auch Kinder mit einem unterdurchschnittlichen Gedächtnis benötigen zum ersten vollständigen Erlernen einer solchen Musterreihe wie der 8. Reihe nur etwa 45 Minuten mit Pausen dazwischen. Wir üben die Reihe dann konsequent an den ersten 6 Tagen. Danach täglich 1- bis 2-mal für etwa 5 bis 10 Minuten. Nebenbei wiederholen wir noch 1-mal pro Woche eine andere, bereits erlernte Reihe, so kann man in 7 bis 8 Wochen alle Reihen so gut (ohne sie mit den Fingern hochzuzählen), dass man mit einem minimalen Aufwand von einmal Wiederholen alle 14 Tage, innerhalb eines halben Jahres das Einmaleins so gut kann, dass man es nicht mehr vergessen wird. Wird es danach über die gesamte Schulzeit hinweg alle 6 Monate einmal trainiert, kann man es auch noch als Oma, wenn man selbst in das Alter gekommen ist, um mit Oma-Geschichten auszuhelfen.

Da wir keine Lust haben 7 Wochen nur Oma-Geschichten zu machen, werden wir zwischendurch auch einmal wieder Mama- und Papa-Geschichten spielen, uns Gläser mit Mengen vorstellen, sie aufzeichnen, damit rechnen. Und wir werden uns vielleicht fragen, was es mit den **Opa-Geschichten** auf sich hat.

Opas (auch sie mögen mir nicht böse sein) sind um das Wohl ihrer Enkel sehr besorgt und beobachten gerne alles mit ihrer Brille. So auch unser Opa. Wenn er zu Besuch kommt, bestellt er vielleicht 20 Schlucke „Giftwasser“. Dann setzt er seine Brille auf und schaut genau, wie viele 5er er in diesen 20 Schlucken findet. Das geht leicht. Jedes Glas hat zwei 5er, es sind insgesamt 4 Stück. Opa findet 4 Stück 5er.

Nach einigen Versuchen mit Schütten und Aufmalen überlegen wir, wie man dies wohl kurz aufschreiben kann.

20  5 = 4

Opa bestellt 20 Schlucke,
dann setzt er die Brille auf
und sucht die 5er.

Wir versuchen es mit einer anderen Rechnung.

34  10 = 3 Rest 4

Opa setzt die Brille auf und
findet 3 Stück 10er.

Der Opa bestellt 34 Schlucke, dann setzt er seine Brille auf und sucht die 10er. Er findet 3 Stück. Wir nehmen die drei 10er heraus. 4 kleine Schlucke bleiben übrig. Die sind jetzt der Rest.

34 : 10 = 3 Rest 4

Wir sind mutig und versuchen 50 : 9 = ?

Opa bestellt 50 Schlucke, er setzt die Brille auf und sucht die 9er

Opa bestellt 50 Schlucke, dann setzt er die Brille auf und sucht die 9er.
In jedem Glas sind 10 Schlucke, also findet man in jedem Glas einen 9er.

In jedem Glas findet er einen 9er, also 5 Stück insgesamt. In jedem Glas bleibt außerdem 1 Schluck übrig (der Freund), also auch 5 insgesamt. Wir schreiben die Antwort auf:

50 : 9 = 5 Rest 5

Der Opa hat uns die Angst vor schwierigen Geteilt-Aufgaben genommen!

Wenn sich unsere Erkenntnisse gefestigt haben, merken wir, dass die Oma-Geschichten und ihre Muster bei den Opa-Geschichten helfen können.

Wenn die Oma 8 · 4 Schlucke bestellt, hat sie 32 Schlucke.

Wenn der Opa in 32 Schlucken mit seiner Brille die 4er sucht, so findet er 8 Stück, denn die 32 sitzt auf dem 8. Hocker im 4er Muster (oder der 4er Reihe).

Von nun an üben wir die Muster (Reihen) auch aus Opas Sicht! Und in unserer Entdeckermappe steht noch etwas Neues: Oma-Geschichten kann man in Opa-Geschichten verwandeln und umgekehrt.

Wir können jetzt unsere Detektivarbeit ausweiten. Hängt der Geheimmantel über einer Zahl der Opa-Geschichte, können wir herausfinden, wie sie heißt:

Was hat Opa wohl bestellt?

Tobias begreift, dass Opa 80 Schlucke bestellen musste, um vier 20er finden zu können. Er hat keine Schwierigkeiten, die Mama-, Papa-, Oma- und Opa-Geschichten auseinander zu halten. Er hat entdeckt, dass es auch bei Opa- und Oma-Geschichten in jeder Rechnung einen König gibt. Er hat auch entdeckt, dass Oma-Geschichten (Multiplikationsaufgaben) hierbei Mama-Geschichten (Additionsaufgaben) ähneln (was ihn nicht wundert, sind doch beides Frauen) und Papa-Geschichten (Subtraktionsaufgaben) Ähnlichkeiten mit Opa-Geschichten (Divisionsaufgaben) haben.

Tobias ist jetzt schon ziemlich sicher und mutig, er möchte schwierigere Aufgaben bekommen. Wir überlegen uns etwas ziemlich Schwieriges:

„Kann man die Papa-Geschichte 20 – 5 – 5 – 5 – 5 = 0 in eine Opa-Geschichte verwandeln? Wir zeichnen die Geschichte. Nach einigen Versuchen erkennt Tobias, dass immer 5 weg kommen und dass dies eigentlich genauso ist, wie wenn Opa in 20 Schlucken 5er sucht und sie dann wegtrinkt!

20 – 5 – 5 – 5 – 5 = 0 (Papa)

ist das Gleiche wie

20 : 5 = 4 Rest 0 (Opa)

Dass man 4 Stück 5er herausnehmen kann, sieht man auch an der Anzahl der 5er, die Papa wegnimmt.

Jetzt verwandeln wir die Opa-Geschichte
42 : 10 = 4 Rest 2 in eine Papa-Geschichte:

42 – 10 – 10 – 10 – 10 = 2.

Im Laufe der Forschungen wird Tobias klar, dass man nicht jede Papa-Geschichte in eine Opa-Geschichte umwandeln kann.

$20 - 7 - 2 - 5 - 1 - 4 = 1$

geht nicht, weil Papa immer verschiedene Schlucke trinkt, Opa hingegen immer gleiche Schlucke trinkt.

Tobias bemerkt jedoch, dass man jede Opa-Geschichte in eine Papa-Geschichte verwandeln kann. Dies ist nie ein Problem.

Ich habe ganz bewusst auf die Geteilt-Logik des „Aufteilens" verzichtet. Oft lernen Kinder Geteilt-Aufgaben auf folgende Art: „Du hast 12 Nüsse und verteilst sie auf 4 Kinder. Wie viele bekommt jeder?" Es ist zwar möglich, aber in Zahlenräumen über 20 umständlich und meist schwer vorstellbar.

Ein Beispiel:
300 : 50 können wir auf verschiedene Arten rechnen:

„300 Kastanien werden auf 50 Kisten verteilt", kann selbst ich mir schwer vorstellen! Dieses Konzept versagt schon bei kleinen Zahlenräumen und erst recht bei großen.

Wenn der Opa in 300 Schlucken 50er sucht, fällt mir das hingegen leicht. Manche Menschen rechnen so etwas regelhaft. Sie sagen:

300 : 50 ist so wie 30 : 5 (was bei uns mindestens eine Entdeckerstunde kostet) und das ist laut Einmaleins gleich 6. Also ist die Antwort 6. Das gefällt mir nicht gut. Jede Regel ohne Verständnis ist eine Regel zuviel. Denn aus Erfahrung weiß ich, dass Kinder schnell Nullen abstreichen und Regeln verwechseln und dann entsteht vielleicht bei $300 \cdot 60 = 180$.

Ohne Mengenbild, die Vorstellung, dass man 300-mal in die Küche läuft, um immer 60 Schlucke für Oma zu bringen, kann man auch schlecht erkennen, dass Oma jetzt wohl kaum nur 180 Schlucke auf dem Tisch stehen haben kann.

Nach einiger Entdeckerarbeit und vielen Wiederholungsmühen zeichnet sich beim rechenschwachen Kind allmählich ein Bild von den 4 Operatoren Plus, Minus, Mal und Geteilt ab.

Man könnte es folgendermaßen zusammenfassen:

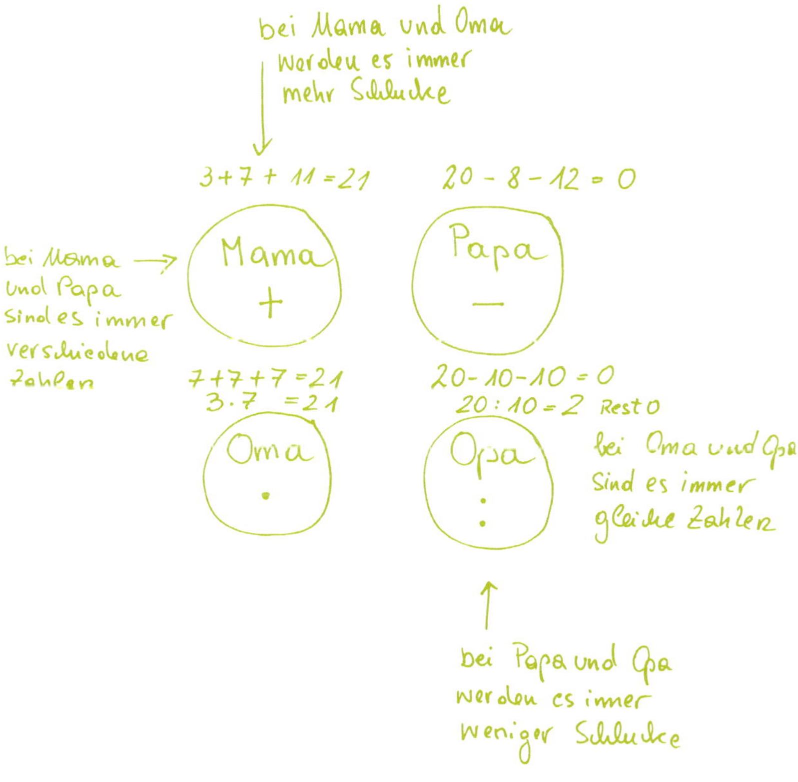

Die 4 Grundrechenarten und ihre Zusammenhänge.

Wenn es gelungen ist, die Logik der Operatoren zu erarbeiten, dann kann man sich **Textaufgaben** zuwenden, die nicht mehr mit Bestellen und Trinken zu tun haben. In jeder Textaufgabe kann man Ähnlichkeiten entweder zu Mama-, Papa-, Oma- und Opa-Geschichten oder zu Kombinationen davon heraushören. Wir beginnen zunächst mit sehr einfachen Beispielen, bei denen man die Gleichheit und die Ungleichheit der Mengen gut aus dem Text filtern kann und gleichzeitig heraushören kann, ob es sich um „Dazutun" oder „Wegnehmen" handelt. Wir rechnen die Aufgaben nicht aus, sondern konzentrieren uns nur auf den Text und versuchen vor unserem inneren Auge zu sehen, ob es dazutun oder wegnehmen ist, ob es gleiche oder ungleiche Mengen sind.

Der Bäcker backt erst 2 Brote, dann 4 Brote, dann 17 Brote (Mama/Addition).

Der Bäcker backt erst 3 Brote, dann 3 Brote, dann 3 Brote (Oma/Multiplikation).

Die Bäckersfrau hat 10 Brötchen und isst erst 4 weg, dann 1 weg, dann 2 weg (Papa/Subtraktion).

Die Bäckersfrau hat 8 Brötchen und isst erst 4 weg und dann 4 weg (Opa/Division).

Nun erfindet Melanie eine Textaufgabe, da sie gerne Lehrerin spielt. An den Aufgaben, die Melanie erfindet, bemerke ich, dass sie sich mit Papa- und Opa-Textaufgaben noch etwas schwer tut. Wir lassen uns nicht entmutigen und versuchen es nochmals umgekehrt. Ich erfinde, Melanie rät, ob man plus, mal, minus oder geteilt rechnen muss. Der Riese hat 30 Tafeln Schokolade. Er isst morgens 10 Tafeln Schokolade, mittags 10 Tafeln Schokolade und abends 10 Tafeln Schokolade. Der Architekt baut im ersten Jahr 2 Häuser, im zweiten

Jahr 4 Häuser und im dritten Jahr 1 Haus. Mama kauft 3 Tüten. In der ersten Tüte sind 7 Äpfel, in der zweiten Tüte sind 7 Äpfel und in der dritten Tüte sind 7 Äpfel. Auf einem Teller sind 25 Erdbeeren. Max nimmt sich erst 3, dann 5, dann 2 und dann noch 7. Wir spielen abwechselnd Lehrer und Schüler und erfinden Textaufgaben. In den nächsten Wochen prüfe ich immer wieder einmal, ob die Unterscheidung der Operatoren verlässlich klappt.

Bei der therapeutischen Intervention ist es nahezu Alltag, dass man die Anleitungen nicht eins zu eins umsetzen kann. Nur allzu oft machen uns die Kinder einen Strich durch die Rechnung. Sie kommen auf ganz interessante, lustige, außergewöhnliche Antworten oder Vorstellungen, nur leider nicht auf die, die wir uns erwartet oder erhofft hatten. *Was alles schief gehen kann* und wie man dann intervenieren könnte, zeigen folgende Therapiegeschichten.

Ich erfinde eine Aufgabe: „Herr Hart legt 2 Steine auf den Tisch und dann legt er noch 3 Steine auf den Tisch." Ich frage: „Weißt du, was das für eine Rechnung ist, kannst du sie aufschreiben?" Melanie antwortet sehr überzeugt: „Mal, 2 mal 3" und schreibt es auf. Ich sage: „Gut, kannst du mir erklären, warum das *Mal* ist?" Melanie antwortet: „In der Schule machen wir gerade Mal und deshalb ist eh jede Rechnung Mal, die wir ausrechnen müssen!" Melanie ist ziemlich clever und solchen Argumenten ist schlecht beizukommen, denke ich mir. „Das hast du toll beobachtet, Melanie", sage ich, „aber was wäre, wenn ich dich reingelegt hätte und statt einer Mal-Aufgabe eine Plus-Aufgabe gemacht hätte, wie erkennst du denn den Unterschied?" Melanie überlegt und zeichnet schließlich den Unterschied aufs Blatt. Plus ist + und Mal ist · , die Zeichen eben, die man gelernt hat, die zeigen den Unterschied. Ich bin skeptisch und antworte: „Dann könnte man den Unterschied aber nur an geschriebenen Rechnungen erkennen und nicht an dem, was wirklich im Leben passiert. Wenn ich dir deinen Bleistift wegnehme, was ist denn das für eine Rechnung?" „Minus", Melanie ist sich sicher. „O.k., was ist denn nun, wenn jemand 2 Steine hinlegt (ich tue es gleichzeitig) und dann noch 3 Steine. Was ist passiert?" „2 und 3 dazu", sagt Melanie. „Ja, 2 *und* 3", das *und* betone ich, „was ist denn das für eine Rechnung?" „Plus", sagt Melanie und schreibt die Rechnung 2 + 3 auf. Erst als Melanie die Mama-, Papa-, Oma-, Opa-Geschichten kennen gelernt hatte, konnte man sie nicht mehr hereinlegen.

Wir haben schon viele Rechnungen geschüttet und aufgeschrieben, die Liste ist lang, doch das Sortieren nach gleichen und ungleichen Summanden will Hanna nicht gelingen.

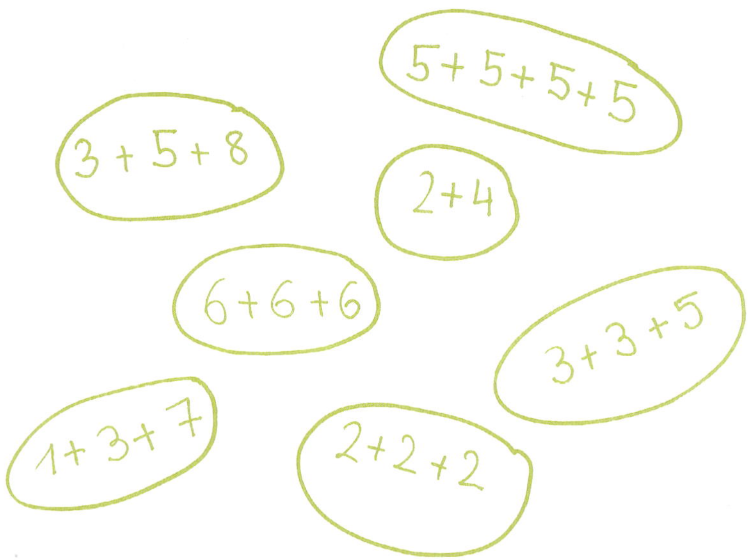

Ich frage Hanna: „Hast du eine Idee, wie man diese Rechnungen ein bisschen ordnen könnte, so, wie wir die Wäsche im Schrank ordnen, damit wir alles schneller finden können? Welche Rechnungen haben denn etwas gemeinsam?“ „2 + 4 passt nicht dazu“, sagt Hanna, „weil das nur zwei Zahlen sind und die anderen mehr.“ „Welche Rechnungen kommen denn dann auf die eine Seite, welche auf die andere?“ Ich teile ein Blatt Papier durch einen Strich in der Mitte in zwei Hälften und lege es vor Hanna hin. Sie sortiert erst mal alle Rechnungen auf die eine Seite mit Ausnahme der 2 + 4, denn da gibt es nur zwei Zahlen zusammenzurechnen, dann frage ich: „Welche Möglichkeiten gäbe es noch? Wie könnte man diese Rechnungen noch sortieren?“ Hanna meint, alle Rechnungen, die eine 5 enthielten, kämen auf die eine Seite, der Rest auf die andere. Es braucht lange, bis Hanna gleiche und ungleiche Summanden trennt, aber es lohnt sich zu warten, denn alle Ansätze, die Hanna fand, haben eine eigene Logik und sind berechtigt, auch wenn sie für die Mal-Logik nicht brauchbar sind.

Falls alles einigermaßen geklappt hat, wenden wir uns wieder den Textaufgaben zu und steigern deren Schwierigkeitsgrad. Bei anspruchsvolleren Textaufgaben versuchen wir wie Forscher zu erraten, was sich hinter Schlüsselworten wie „je“, „immer“, „wieder zurück“ und „verbrauchen“ verbirgt. Besonders helfen kann bei schwierigen Aufgaben auch das Nachspielen von Textaufgaben. Wenn das gelungen ist, können wir uns die Handlungen, Orte und Gegenstände, die in der Textaufgabe vorkommen, vorstellen.

Jede Textaufgabe ist eine Detektivgeschichte, die wir zuerst in unserem Kopf sehen müssen. Wir schließen die Augen und versuchen zu sehen, was da passiert.

Dann zeichnen wir das Gesehene auf. Nicht schön vielleicht, aber so, dass alles Wichtige zu sehen ist. Dann suchen wir uns die Ähnlichkeiten zu unseren Familienmitgliedern (Mama, Papa, Oma, Opa) heraus und rechnen, indem wir uns die Wassergläser vorstellen.

Dies kann Zeit in Anspruch nehmen, aber gerade bei Textaufgaben hilft das Auswendiglernen wirklich nicht viel. Jede Textaufgabe, die ähnlich klingt, kann im Grunde doch ganz anders sein. Unsere deutsche Sprache ist da sehr tückisch. Wir lernen bei Textaufgaben automatisch, uns sehr exakt auszudrücken.

Immer wieder prüfen wir, ob wir uns die Rechenarbeit erleichtern können. Gibt es Tricks, die wir noch nicht wissen?

Wir können zum Beispiel Mama- und Papa- Geschichten machen mit zum Beispiel 24 + 10 oder 34 – 10 und uns die Ergebnisse ansehen. Wir werden sehen, dass die Einer (4 Schlucke) unverändert bleiben und dass der Sprung etwa von 94 nach 104 genau 10 Schlucke sind, eben von der 9. doppelten Reihe zur 10. doppelten Reihe, (Arabergeschichte) und dass dies bei gleich bleibenden, einzelnen Schlucken (den Einern) immer so ist, dass es sich um 10er-Sprünge handelt. So leiten wir den Übergang zum Zahlenraum bis 100 ein.

Jetzt können wir unsere Spielregel ändern. Wenn ein Glas voll ist, sind es nicht mehr 10 sondern 100 Schlucke. Wie groß ist jetzt ein Zauberschluck? Welche Zahl ist jetzt ein halbvolles Glas? Wie heißt die Zahl die früher (im 10er Glas) die 8 war? Genau, die heißt jetzt 80! Wir haben es jetzt mit größeren Zahlen zu tun und versuchen gleich, sie mit den Wassergläsern zu schütten. Das kann dann zum Beispiel bei der Zahl 183 so aussehen:

Das ist die Zahl 183. Wie kann man sie ganz genau schütten?

Dazu braucht man einen genauen 10er zum Abgucken und einen genauen 1er ...

Bald können wir mit den 100er Gläsern genauso gut schütten und rechnen wie mit der Spielregel 10. Ein Beispiel zeigt die Zahl 238.

Wir schätzen, wie viel von 238 bis 300 noch eingegossen werden muss.

Wie viel fehlt bis 1.000?

Wie schon im kleineren Zahlenraum, versuchen wir das Kopfrechnen. Wir erzählen Mama-, Papa-, Oma- und Opa-Geschichten mit größeren Zahlen und schütten, raten und rechnen, im Kopf oder schriftlich.

Wir vergleichen die Muster der 6er-Reihe mit Omas Bestellungen von 60ern. Oma leidet im Sommer unter der Hitze und bestellt 7-mal hintereinander 60 Schlucke Wasser, um sich die Füße darin abzukühlen. Gibt es Ähnlichkeiten zwischen den Mustern? Ja? Wie toll! Wir müssen gar nichts mehr Neues lernen. Wir halten es in unserer Entdeckermappe fest. Ist es bei den anderen Mustern ebenso? (Bei der 3er- und der 30er-Reihe etwa?) Wir versuchen gleich Oma- und Opa-Geschichten damit zu rechnen. Wenn das Kind alles verstanden hat und wir uns im 100er-Raum genügend wohl fühlen, wollen wir uns den großen Zahlen zuwenden.

Urs und ich überlegen uns folgende Geschichte:

Urs geht ins Kino. Die besten Plätze im Kino, sind die vorne oder hinten? Hinten. Richtig!

Wir zeichnen die Sessel.

Das Stellenwertsystem sind Kinosessel.

Ich erkläre, dass Urs 3 Sessel (eigentlich sind es ja Reihen, aber das ist für diesen Zweck eher verwirrend) besetzt, die hintersten drei, die besten Plätze. Die sind für Urs und seine Familie reserviert. Weiter vorne sind die 3 Sessel seines Freundes Yasin, noch weiter vorne sind die 3 Sessel seines Freundes Thomas.

Wir schreiben jetzt Zahlen auf jeden Sessel, denn in Mathe sitzen nicht Menschen, sondern Zahlen auf den Sesseln. Ich lese vor.

Jetzt sitzen Zahlen auf den Sesseln. Man kann sehen zu wem sie gehören.

151 – Thomas, 283 – Yasin, 617 – Urs. Wir wissen, zu wem die Zahlen gehören. Die 151 gehört zu Thomas, die 283 zu Yasin und die 617 zu Urs. Urs kann die Zahlen ganz prima vorlesen. Jetzt teste ich eine schwierigere Zahl:

080 060 020
und Urs liest:
80 Thomas, 60 Yasin, 20 Urs. Es klappt!
Nach mehreren Versuchen auch mit
007 005 004
frage ich Urs, warum die zwei Sessel vor seiner 4 mit Nullen besetzt sind. Wir überlegen und einigen uns darauf, dass die Nullen seine Sessel reservieren, damit die 5 von Yasin nicht nach hinten rückt. Das wäre möglich, sind doch die besten Plätze im Kino hinten. Das würde alles verändern, auch Thomas hätte dann keine 7 mehr. Ich frage Urs, ob man diese Nullen auch weglassen könne? „Nein", antwortet er, „wenn auf einem Sessel keine Zahl steht, muss die Null hin, um den Platz zu reservieren." Nun erkläre ich Urs, dass die Sessel in der Mathematik natürlich nicht Thomas, Yasin und Urs heißen, sondern Einer, Tausend und Millionen. Wir zeichnen nochmals und schreiben die neuen Begriffe dazu:

„Natürlich sagen wir die Einer aber nicht mehr dazu", erkläre ich, „denn jeder weiß ja, dass diese Sessel für den Urs (also für die Einer) reserviert sind. Wie also heißt denn die Zahl jetzt?" Urs überlegt und antwortet: „Einhunderteinundfünfzig Millionen zweihundertdreiundachtzig Tausend sechshundertsiebzehn." Super, genau richtig! Urs ist mächtig stolz. Er kann nach etwa einer halben Stunde Zahlen bis zu Millionen richtig lesen und schreiben!

Im Folgenden gebe ich einen Überblick über die Methoden zum tieferen Verständnis von Dezimalzahlen:

Lisa stimmt mir zu, dass es manchmal notwendig ist, dass man mal etwas Kleineres hat als etwa 1 Euro. Etwas, das weniger wert ist. Sie weiß, dass es noch kleinere Schlückchen gibt als einen Schluck. Tropfen bei Medikamenten, „Minischlucke", „Millischlückchen". Wir erinnern uns, das Wort „Milli" schon öfter gehört zu haben, zum Beispiel bei Millimeter, Milligramm, Milliliter. Wenn wir uns einen Schluck im 10er-Glas vorstellen, so ist er verhältnismäßig klein. Im 100er-Glas ist er noch kleiner, im 1.000er-Glas noch kleiner. Was passiert aber, wenn wir ein Glas in einem Schluck leeren? Wenn nur ein Schluck das Glas voll macht? Dann ist dieser eine Schluck sehr groß. Er kann unterteilt werden in 10 kleine Schlucke, in 100-mal viel kleinere Schlucke, in 1.000-mal noch viel, viel kleinere Schlucke. Lisa meint, das wäre jetzt genau anders herum. Vorher hätte man die Zahlen immer größer gemacht, jetzt würde man sie immer kleiner machen – und das stimmt! Aber wie schreibt man es auf? Die hinterste Zahl ist doch immer die 1, der Einer, und dann kommt die Null, das Nichts, aber zwischen der Eins und der Null gibt es unendlich viele kleine, ganz kleine und ganz, ganz kleine Schlückchen, die noch etwas sind, kein Nichts, auch wenn sie manchmal so klein werden, dass man sie gar nicht mehr sieht. Man muss also unterscheiden zwischen einem ganzen Schluck, gar keinem Schluck und allen kleinen Schlückchen. Man muss eine

Grenze festsetzen, damit man die Schlucke mit den Schlückchen nicht verwechselt, sie trennen kann. Wie wird das geschehen? Mit einem Trennstrich, einem Komma. Beim Geld kennen wir dieses Komma schon gut. 1,25 Euro zum Beispiel: Vorne steht der ganze Euro, hinter dem Komma stehen die kleineren Cent. Aber was passiert, wenn die Cent die Plätze tauschen? 1,52 Euro – das ist natürlich was ganz anderes, Lisa weiß das. Ich frage: „Was ist mehr – 0 Euro und 20 Cent oder 0 Euro und 2 Cent?" „20 Cent natürlich!", antwortet Lisa. Ich schreibe es auf.

0,20
0,02

Woran erkennt man es? „Je näher die Zahl zum Komma steht, desto größer ist sie", meint Lisa. Genau! Wir prüfen es.

0,04
0,004
0,000004

Ich frage, was passieren würde, wenn ich die Nullen hinter dem Komma nicht schreiben würde. Ob sie überhaupt notwendig sind? Lisa zögert, sie ist sich nicht sicher. Ich schreibe es ohne die Nullen.

0,4
0,4
0,4

Alles das Gleiche. Lisa sagt: „Du musst Abstand lassen, damit man sieht, wie weit die 4 vom Komma weg ist.“ So etwa?

0,4

0,   4

0,   4

„Ja, aber woher weiß ich dann bei 0,   8 wie groß der Abstand wirklich ist?“, frage ich. „Indem man es abmisst!“, erwidert Lisa. „Aber ist das praktisch?“ – „Nein, das dauert zu lange.“ – „Welchen Sinn haben die Nullen?“ – „Sie zeigen den Abstand an.“ – „Ja, so könnte man es sagen. Darf man sie weglassen?“„Nein.“

0000,00040000

Was ist mit diesen Nullen, darf man hier welche weglassen?

Lisa ist sich nicht sicher. Nein. Was passiert? Ich streiche sie weg und schreibe 0,0004. Hat die 4 ihren Platz geändert? Nein. Ist also etwas passiert, hat sich etwas verändert? Nein. Darf man etwas weglassen, was nichts verändert? Ja. Wir üben jetzt, welche Nullen man weglassen darf und welche nicht:

00043050,003050000

4,20

Wir erkennen etwas sehr Wichtiges: 0,20 ist das Gleiche wie 0,2. 1,00 ist das Gleiche wie 1 und räumen den Grundschulirrtum vom Tisch, dass 0,2 Euro nicht mehr 20 Cent sind, weil die Null fehlt. Jetzt überlegen wir, wie man aus einem Schluck 0,1 Schlucke machen kann. Das ist Lisa noch zu schwierig. Wir probieren es mit vertrauten Zahlen. „Wie macht man aus 10 Schlucken einen Schluck?“ „Man trinkt 9 Schlucke weg.“ „Geht das noch anders?“ „Ja, man teilt durch 10.“ „Super!“ „Wie bekommt man aus 40 Schlucken 4?“ „Man teilt durch 10.“ „Wie bekommt man aus einem Schluck 0,1?“ „Man teilt durch 10?“ Lisa ist ungläubig. „Tut man, ja! Wenn man 1 durch 10 teilt, kommt 0,1 raus.“ Wir prüfen dies zusammen, indem wir es mit den Wassergläsern probieren. Die Spielregel heißt 1. „Dann rutscht die Zahl immer einen Sessel weiter nach hinten“, sagt Lisa. „Wenn man durch 10 teilt, ja.“ Sie hat sich an die Sessel erinnert, die ich für die großen Zahlen verwendete. Wir zeichnen sie nochmals auf und sehen, dass es auch hinter dem Komma unendlich viele Sessel gibt. Was aber trennt das Komma nun konkret? Benutzt man es nur, wenn man 1 durch 10 teilt? Nein. Viele Zahlen können hinter dem Komma stehen, beliebig viele. Zum Beispiel eine 2 auf dem ersten Sessel hinter dem Komma. Die Zahl heißt dann 0,2. Was muss man mit der 1 tun, um 0,2 zu erhalten? Eine schwere Frage. Die Wassergläser bringen es ans Licht.

Aus den Mengen bis 10 wissen wir, dass wir so eine 2er-Menge 5-mal in 10 finden. 0,2 finden wir also 5-mal in 1. Als Opa-Geschichte erzählt, erhalten wir: 1 : 5 = 0,2. Toll! Ich staune, dass Lisa die Querverbindungen knüpfen kann. Ohne diese Grundfähigkeiten hätte Lisa das wahrscheinlich einfach auswendig gelernt und bald wieder vergessen.

Wir überlegen weiter. Wie bekommt man etwa eine 8 auf den zweiten Sessel hinter das Komma? Was muss man mit 8 Schlucken rechnen, damit daraus eine 0,08 wird? Wir erforschen es an den Wassergläsern.

Lisa hat eine Idee. Wir machen aus der 0,1 zehn Teile und nehmen 8 Stück davon. Richtig! (Vergleichen Sie folgende Rechnung: Ein

Glas hat einen Schluck, wenn es voll ist. Machen wir aus diesem Schluck zehn Teile, erhalten wir 0,1 denn 1 : 10 = 0,1 und 0,1 : 10 ist 0,01. Nimmt man von diesen 0,01 genau 8 Stück, so hat man 0,08). „Wie kommen wir aber von 8 Schlucken zu 0,08?“ „Wir springen 2 Sessel, die Zahl 8 bleibt gleich.“ „Richtig!“ Lisa sagt: „Wir teilen durch 10 und nochmals durch 10.“ „Super!“, antworte ich, „aber kann man geteilt durch 10, geteilt durch 10 abkürzen zu einer Aufgabe?“ „Geteilt durch 10 und nochmals geteilt durch 10 ist geteilt durch 20“, meint Lisa.

Wir testen es. Wir nehmen eine 400, teilen durch 10, erhalten 40, teilen nochmals durch 10 und erhalten 4. Jetzt teilen wir 400 durch 20 und erhalten 20, nicht 4. „Oh“, Lisa ist überrascht, „geteilt durch 10 und geteilt durch 10 ist nicht geteilt durch 20!“ Wie kam dieser Irrtum zustande? Wir haben nicht an die Gegenteile gedacht. Das Gegenteil von Opa-Geschichten sind Oma-Geschichten. Das Gegenteil von 10 : 10 ist nicht 10 + 10, sondern 10 · 10. Die Zusammenfassung von geteilt durch 10 und nochmals geteilt durch 10 ist geteilt durch 100.

Ich erzähle, dass man die erste Stelle nach dem Komma 10tel nennt, die zweite Stelle nach dem Komma 100stel. Wir schreiben:

Die Sessel hinter dem Komma.

Etwas kommt uns komisch vor. Nach der Logik der Muster müsste es so aussehen:

Warum ist das nicht richtig, obwohl es so logisch wäre?

Wir überlegen, was Eintel sind.

Schriebe man eine 8 auf die Zehntel, erhielte man 8 : 10 = 0,8. Schöbe man die 8 auf die Hunderstel, erhielte man 8 : 100 = 0,08. Das könnte man folgendermaßen aufzeichnen:

So springen die Zahlen von Sessel zu Sessel vorwärts und rückwärts.

Bei jeder Multiplikation mit unserer Lieblingszahl 10 springt die Zahl, ohne sich zu ändern, einen Sessel vorwärts, sie wird größer. Bei jeder Division mit 10 springt die Zahl, ohne sich zu ändern, einen Sessel rückwärts, sie wird kleiner.

Dividiert man durch 10 und noch mal durch 10, also durch 100, springt die Zahl zwei Sessel rückwärts, sie wird hundertmal so klein.

Das ist eine interessante Erkenntnis für unsere Entdeckermappe. „Und durch was teilt man jetzt, wenn man Eintel haben will?“, frage ich. „Durch 1“, sagt Lisa. Richtig! Wir teilen 5 : 1 und 10 : 1 und 8 : 1 und 0,7 : 1 und 0,06 : 1. Nichts passiert. Die Zahlen bleiben unverändert. „Was bedeutet das?“ „Beim Teilen durch 1 bleibt die Zahl gleich“, antwortet Lisa. „Genau! Was heißt das jetzt – gibt es einen Eintelsessel?“ „Nein, oder doch“, meint Lisa, „es ist nur der gleiche Sessel wie der Einer Sessel.“ Wir sind stolz. Unser Muster ist wieder logisch.

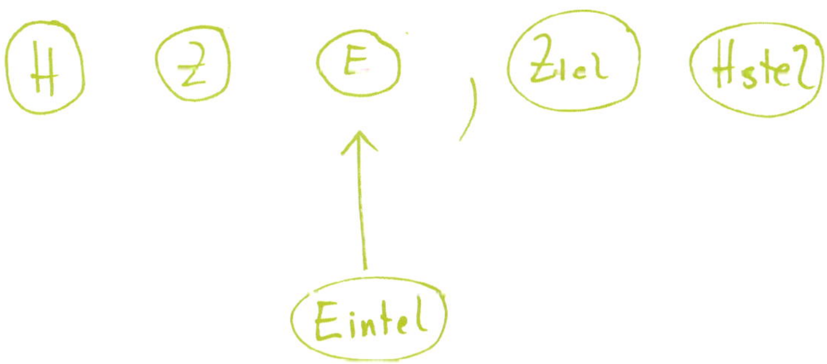

Dies ist das überprüfte Ergebnis
des Stellenwertsystems.
Einer und Eintel sind dasselbe!

Die Einer oder Eintel sind also immer auf dem Sessel direkt vor dem Komma!

Nun kann man daran gehen, mit den Wassergläsern das Verwandeln in verschiedene Maßeinheiten zu prüfen und Brüche zu rechnen, Prozente und Dezimalzahlen. Wir können Dreisätze schütten, Potenzen und Wurzeln mit den Wassergläsern erforschen.
Später schütten wir dann lineare, quadratische und Wachstumsfunktionen. Wir stellen alle Zahlen und Zusammenhänge selbst her. Spätestens bei Sinus- und Cosinusfunktionen bemerken auch die Eltern, dass sie so manches früher in der Schule nicht richtig verstanden, sondern nur auswendig gelernt haben. So findet die Wasserglasmethode® heute zunehmend auch im Mathematikunterricht der Sekundarstufe I und II Anwendung. Lehrer müssen nicht mehr mühsam erklären. Schüler forschen zuhause und im Unterricht. Dazu brauchen Sie nur ein paar Wassergläser, schon sparen alle viel Zeit und Nerven und endlich verbessert sich auch die mathematische Bildung ganz ohne Anstrengung und stundenlanges Üben! Aber das und viele andere Themen der fortgeschrittenen Mathematik werde ich Ihnen in den Übungsbüchern erzählen.

Erste Schritte zur Selbsthilfe

Ich möchte nochmals zusammenfassen, welche Vorgehensweise mir geeignet erscheint, wenn ein erster Verdacht auf Rechenschwäche bei einem Kind aufgetreten ist:

1. Vergewissern Sie sich in einer Rechenbeobachtung, ob das Kind alles auswendig gelernt hat oder ob es Ihnen erklären kann, wie es etwas rechnet. Lesen Sie dazu nochmals den Beginn des Kapitels „Praktische Durchführung einer Rechenbeobachtung“, Seite 40.

2. Prüfen Sie dann in einer Rechenbeobachtung, die Sie nicht als Test, sondern als Spiel gestalten sollten, welche Bilder das Kind von den Zahlenräumen hat. Vielleicht erinnern Sie sich an die Geschichte von dem Hochhaus im Kapitel „Mengenbilderfassung“ Seite 47.

3. Haben sich die Hinweise auf eine Rechenschwäche verdichtet, versuchen Sie, während Sie auf professionelle Diagnostik und Hilfe warten, ein guter Therapeut für das Kind zu werden. Führen Sie dazu das „Dödl Dumpf Experiment“ im Kapitel „Geeignete Therapeuten“ Seite 62 mit sich selbst durch, um Erfahrungen damit zu sammeln, wie ein rechenschwaches Kind sich fühlt. Damit verstärken Sie Ihr Einfühlungsvermögen und Ihre Geduld, die Sie bei Hilfestellungen für das Kind dringend benötigen werden.

4. Verringern Sie im Zusammensein mit dem Kind den Druck und üben Sie nicht am aktuellen Schulstoff. Wählen Sie Übungsinhalte, die das Kind mit seinem Vorwissen bewältigen kann. Setzen Sie da an, wo die Defizite des Kindes beginnen. Eine Übersicht über die Reihenfolge der mathematischen Inhalte, die ein Kind in der jeweiligen Klasse beherrschen müsste, finden Sie im Kapitel „Wie kann man Rechenschwäche erkennen“ auf Seite 24.

5. Scheuen Sie sich nicht bei ganz einfachen Aufgaben zu beginnen. Das Kind wird Ihnen schon sagen, wenn es etwas zu leicht findet. (Dass es etwas zu schwer findet, wird es vielleicht nicht sagen, weil es sich schämt.) Versuchen Sie in jedem Fall „Wasserschüttübungen" mit dem Kind. Überspringen Sie diesen Teil keinesfalls. Mit den Wassergläsern können Sie je nach Leistungsstand des Kindes leichte und auch sehr schwierige Aufgaben erforschen. Welches Material Sie zum „Wasserschütten" benötigen, lesen Sie im Kapitel „Geeignete Therapiematerialien" auf Seite 74.

6. Wie man die vier Grundrechenarten gemeinsam so erforschen kann, dass das Kind sie versteht, können Sie Schritt für Schritt im Kapitel „Therapieinhalte für die Grundschulzeit" ab Seite 90 nachlesen.

7. Spielen Sie „Mathelive-Spiele". Lesen Sie dazu das Kapitel „Was ist Mathelive" ab Seite 147.

8. Verlieren Sie nicht den Mut, wenn nicht gleich alles perfekt klappt. Denken Sie daran, dass ich schon über 8000 Therapiestunden gehalten habe und trotzdem täglich neu gefordert bin.

9. Lachen Sie mit dem Kind, wenn etwas nicht gelungen ist. Seien Sie weniger „Lehrer" und mehr „Freund". Zügeln Sie Ihren Ehrgeiz nach raschen Erfolgen, lassen Sie dem Kind die Zeit, die es braucht. Geben Sie dem Kind das Gefühl, dass es in Ordnung ist, so wie es ist, dass es nicht dumm ist, oder faul, oder langsam.

Machen Sie sich keine Sorgen und vertrauen Sie dem Kind. Arbeiten Sie gemeinsam am Erfolg und er wird sich einstellen.

Was ist das „Mathe live"-Projekt?

5. Was ist das „Mathelive“-Projekt?

Alles begann an einem Samstag im Herbst 2001. Ich lud fünf rechenschwache Kinder, die nicht sonderlich motiviert waren zu rechnen, ein, einen Nachmittag mit mir zu verbringen.

Normalerweise finden die Therapiestunden mit den Kindern einzeln statt, denn eine individuelle Förderung ist nur so möglich.

An diesem Samstag aber wollte ich eigentlich keine Rechentherapie machen, sondern versuchen, die Motivation der Kinder zu verbessern.

So trafen wir uns und die Laune meiner Schützlinge war nicht gerade gut. „Samstags vier Stunden lang rechnen“, dachten sie, „ein Graus!“ Ich hatte mir überlegt, dass ich versuchen würde, den Kindern zu zeigen, wofür man Mathe brauchen könnte. Ich erklärte meinen Plan so:

„Wir machen eine Wanderung zu einer Burg, da können wir Eis essen und auf einen Turm klettern. Ich weiß aber leider nur den Weg dahin, nicht den Weg zurück.“ Da ich keine Lust hatte im Wald zu übernachten (und die Kinder auch nicht), bat ich sie, sich etwas einfallen zu lassen, wie wir wieder zurückfinden könnten. Was könnte wichtig sein? Welche Informationen des Hinwegs könnten wir für den Rückweg nützen? Alle waren sofort mit Ideen zur Hand. Die Aussicht auf einen rechenfreien Nachmittag mit Eisessen war wohl der Auslöser dazu.

Einer schlug vor, er könne alle Schritte zählen, ein anderer, er könne auf die Uhr sehen und die Minuten zählen. Ein anderer wollte Markierungen anbringen. Eine vierte nahm das Fernglas, um sich immer umzudrehen und zurücksehen zu können, wie es wohl aus der Rückwegperspektive aussehen würde. Das fünfte Mädchen nahm das Geld und wollte für das Eisessen verantwortlich sein und alles aufschreiben, was die anderen zählten. Wir legten los!

Bald bemerkten wir, dass wir uns verzählt hatten. Die Minuten und die Schritte wollten nicht mehr stimmen. Wir begannen von vorne und verbesserten unsere Strategie. Alle 10 Schritte und jede Minute wurden jeweils auf einem Blatt Papier mit einem Strich festgehalten. Wir waren eine gute Truppe – alle arbeiteten zusammen. Als wir unser Ziel, die Burg, in der Ferne sahen, begannen wir, anhand der bereits vergangenen Schritte und Minuten die noch verbleibenden abzuschätzen. Ich setzte einen Preis aus. Eine Limonade extra für alle, die mitraten. Ob das Geld wohl reichen würde?

Im Burghof angelangt, setzten wir uns unter einen schattigen Baum und werteten unsere Daten aus. Wir hatten 1249 Schritte und 54 Minuten gebraucht, zwei Zeichnungen von der Fernglasansicht gezeichnet und 43 Markierungen auf dem Weg verteilt. Wir konnten nun einen Plan von unserem Weg erstellen. Es machte allen viel Spaß, auch mir. Wir überlegten, wie lang wohl ein Schritt sei. Wir maßen es aus. Jeder hatte eine andere Schrittlänge. Wir bemerkten, dass es problematisch sein könnte, eine einheitliche Strecke zu erfinden. Eine Einheit. Ich erklärte, dass es die schon gäbe. Ein Meter für den großen Schritt eines Mannes (der vielleicht Herr Meter hieß), ein Dezimeter für einen Kleinkindfuß und ein Millimeter für das Kriechen einer Schnecke. Bis heute wissen diese Kinder diese Maßeinheiten zu unterscheiden! Marcus, der die Oberaufsicht über die Minuten hatte, sagte mir, dass er etwas Komisches beobachtet hätte. Immer nach 59 würde die Anzeige auf der Stoppuhr auf die nächste Minute umspringen. Die anderen wollten auch sehen, wie sie umspringt. Jeder bemerkte es nun. Marie hatte es schon mal irgendwo gehört. 60, da war doch etwas mit 60 bei der Uhr?! Wir prüften es ausgiebig. Jeder wollte ausprobieren, was man alles in einer

Minute – also 60 Sekunden – tun konnte. Die Zeit verrann. Bald waren wir 2 Stunden zusammen unterwegs. Tim wollte jetzt wissen, wie viele Sekunden dies wären. Wir überlegten, schätzten es ab und rechneten dann. Oh, so viele: 7.200 Sekunden hatten wir schon Spaß gehabt. Und doch kam es uns ganz kurz vor.

Wir beschlossen, jetzt das wohlverdiente Eis zu essen. Ich sagte: „Anna hat das Geld, es sind alle Münzen und Scheine drin, die ich dabei habe. Ich hoffe, es reicht für alle eure Wünsche. Ihr dürft bestellen, was ihr wollt. Ihr dürft alles ausgeben, aber gebt Acht, dass ihr am Ende genug habt, wenn ihr bezahlen müsst.“ Es war toll – jeder überlegte und rechnete. Einer, der mit den Cent noch nicht umgehen konnte, bekam es von den anderen ganz liebevoll erklärt. Leider hatte man meinen Wunsch nach einem Kaffee und einem Glas Wasser völlig übersehen. Jetzt, als ich es erwähnte, wollte man mir auch meine Wünsche erfüllen. Es musste alles noch einmal gerechnet werden, Entscheidungen wurden umgestoßen: Tim wollte jetzt doch lieber Vanilleeis mit Erdbeeren statt Bananensplit, weil es 1,20 Euro billiger war. So konnte man eventuell mein Wasser noch unterbringen. Ich war ziemlich erstaunt, wie gut die Kinder plötzlich rechnen konnten, als es um ihr Eis ging. Hatte ich sie doch allesamt beim „Geldrechnen“ in den Therapiestunden erlebt und gesehen, wie schwer sie sich taten. Ich erkundigte mich mehrmals, ob nun alles stimmte und dann gaben sie ihre Bestellungen auf. Nach einer Weile erwähnte ich so nebenbei, dass, falls wir doch nicht genug Geld zum Bezahlen hätten, es bestimmt Probleme gäbe. Wir müssten dann wahrscheinlich bis abends um 20 Uhr beim Geschirrspülen helfen, um die Schulden abzuarbeiten. Große Augen sahen mich an. „Mama holt mich doch um 18 Uhr ab“, warf Anna ängstlich ein, „ich kann doch nicht 2 Stunden zu spät kommen!“ Mich wunderte, wie sie so plötzlich mit Uhrzeiten umgehen konnte und ich erklärte ihr, dass es mit Mama schon abgesprochen sei, dass der Ausflug länger dauern könnte. Die Spannung war fühlbar, als der

Kellner mit dem Block und der Geldtasche zum Abkassieren kam. Er ließ sich mit ungerührter Miene alles Gegessene und Getrunkene diktieren. Dann übernahm er die Handvoll Münzen und den 5-Euro-Schein, zählte nach, nickte mit einem breiten Lächeln und sagte: „Es stimmt genau. Ihr könnt wohl gut rechnen! Heute kann das nicht mehr jedes Kind! Das wird euch später noch viel nützen." Als er gegangen war, lachten alle erleichtert.

Als wir den Burgturm bestiegen, meinte Tim: „Eigentlich ist es schon ganz gut, wenn man mit Geld rechnen kann, stimmt's?"

Als wir von oben hinunter schauten, kam uns der Turm sehr hoch vor. Aber wie hoch er wohl wirklich war? Wir berieten uns, waren uns aber nicht ganz sicher, ob es eher 15 oder doch eher 30 oder 40 Meter wären. Von den Schritten zu Beginn unseres Ausfluges konnten wir uns ja nun Meter ganz gut vorstellen. Ich wollte es genau wissen. „Vielleicht steht es auf irgendeinem Schild", sagte Marius. „Es war aber kein Schild dran", antwortete Marie. „Wie können wir es rausfinden?", fragte ich. „Wir lassen das Metermaß herunterhängen." „Das ist doch viel zu kurz", meinte Anna. „Wir brauchen ein ganz langes Metermaß", erwiderte Marius. „Das haben wir doch nicht", sagte Tim. „Wenn wir eine ganz lange Schnur hätten", sagte ich, „ginge es dann?" „Nein, die Schnur hat doch keine Zahlen dran". „Die könnten wir draufmalen", meinte Marius. „Ich habe nur einen Zwirnfaden dabei", warf ich ein, „auf den kann man keine Zahlen drauf malen". „Den brauchen wir aber trotzdem", sagte Marie. „Wir lassen ihn runter, ja und dann", Tim war ganz aufgeregt, „dann messen wir ihn mit dem Metermaß ab, wenn wir wieder unten sind." Wir versuchten es und nach mehreren Hürden hatten wir es geschafft. 16 Meter und 4 Zentimeter. Nach diesen Erfolgserlebnissen fingen die Kinder an, an sich zu glauben. Keiner zweifelte mehr daran, dass er den Weg zurück finden würde und so war es auch.

Beim Abholen fragte eine Mutter: „Na, was hast du denn jetzt in vier Stunden gelernt?“ „Dass der Turm 16 Meter und 4 Zentimeter hoch ist und dass man genau überlegen muss, ob man genug Geld dabei hat, wenn man Eis essen will.“

Das klang nun nicht nach sehr viel, aber alle fünf Kinder haben seitdem nie mehr Euro und Cent verwechselt, stets gewusst, was der Unterschied zwischen Metern und Zentimetern ist, und mit Minuten und Stunden umgehen können. Das Projekt, das ich seitdem mit vielen Kindern in verschiedenen Varianten durchgeführt habe, ist bis heute ein durchschlagender Erfolg. Ich nannte es „Mathelive“.
In den darauf folgenden vier Jahren veranstalteten wir regelmäßig nach Bedarf „Mathelive“-Projekte mit rechenschwachen Kindern. Hauptsächlich dienen sie der Motivationsbildung und der Erfahrung mit Maßeinheiten.

Maßeinheiten wurden für die Anwendung entwickelt. Sie ermöglichen uns einheitliches Messen, Wiegen und Geldwechseln. Sie sollten von Kindern auch in der Anwendung erlernt werden. Es nützt wirklich wenig einem rechenschwachen Kind zu sagen, dass tausend Gramm ein Kilo sind. Es hat es meist gleich wieder vergessen und erkennt vor allem nicht den Sinn von Gewichtseinheiten wie Kilo und Gramm. Dies zeigt sich, wenn man folgendes Experiment macht:

Carolin, die in der Schule seit etwa einem Jahr mit Gewichtseinheiten rechnet, nimmt sich 2 Packungen Mehl und wiegt sie auf einer Personenwaage. Angezeigt werden 2 oder 2,0. Wir schreiben und zeichnen auf:

2 Packungen Mehl stehen auf der Personenwaage; sie zeigt 2 Kilo an.

Nun stellen wir die gleichen 2 Packungen Mehl auf eine Küchenwaage. Wir zeichnen alles auf ein Blatt Papier und sehen beim Ablesen, dass die Küchenwaage 2000 g anzeigt. Ich schreibe auf: 2000 Gramm.

Jetzt frage ich Carolin: „Ist das das Gleiche – 2 Kilo und 2000 Gramm?" Überzeugt antwortet sie: „Nein, 2 ist ja viel weniger als 2000!" Ich bin skeptisch und führe das Wiegen nochmals vor. Carolin fühlt die 2 Packungen Mehl in ihren Händen. Sie fühlen sich gleich schwer an. Sie sagt: „Also, die Packungen verändern sich nicht. Sie sind gleich schwer. Ist vielleicht die Waage kaputt?" Ich versichere ihr, dass die Waagen funktionieren. Dann meint sie: „Also muss es doch gleich sein – 2 Kilo und 2000 Gramm!" „Ja", sage ich, „das stimmt, es ist das Gleiche. Aber sag mal, wenn es das Gleiche ist, wofür braucht man denn dann die Gramm? Mit 2 rechnet man doch leichter als mit 2000?!" Carolin versteht nicht, warum Gramm erfunden wurden.

Wir versuchen jetzt, ein Paar Bleistifte zu wiegen. Komischerweise zeigt die Personenwaage nichts an, die Küchenwaage hingegen meldet 115 Gramm. „Ist doch klar", meint Carolin, „die eine Waage zeigt es nicht, weil es noch nicht 2000 sind!"

Dann wiegen wir einen Steinbaukasten. Die Personenwaage zeigt 4,5 kg, die Küchenwaage sagt „Error". Oh, Carolin erkennt, dass die Küchenwaage den Steinbaukasten nicht wiegen kann. Vielleicht ist er zu schwer? So entdecken wir langsam, wofür man Kilo und Gramm benötigen könnte und erlernen das Umrechnen automatisch mit.

„Wer von uns beiden ist schwerer?", frage ich. „Du", sagt Carolin. „Woran erkennst du das?" „Du bist einfach größer!" Wir prüfen es. Carolin hat Recht. Nun zeige ich ihr einen großen Kunststoffbaustein und eine kleine Bleikugel. Was wird wohl schwerer sein? Der Baustein ist schwerer! Warum? Weil er größer ist! O.k. Wir wiegen beides, aber verwunderlicherweise trifft die Annahme nicht zu. Doch Carolin erkennt die Falle, nachdem sie beide Dinge angefasst hat – der Baustein ist so weich, die Kugel so hart. „Es ist nicht der gleiche Stoff", sagt Carolin. „Exakt! Warum hat es aber bei dir und mir geklappt? Warum konnte man bei unserem Gewicht nach der Größe raten?", frage ich. „Weil wir beide aus Knochen und Haut bestehen." „Ja, richtig, wir sind aus dem gleichen Stoff!" Carolin schreibt in ihre Entdeckermappe: Beim Gewicht ist es wichtig, aus welchem Stoff etwas ist. Sind 2 Dinge aus dem gleichen Stoff, kann man nach der Größe raten.

Erste logische Zusammenhänge zwischen Gewicht, Volumen und Dichte sind hergestellt. Dann testete sie zu Hause verschiedene Gegenstände auf ihr Gewicht, sie schätzte und wog ab. An praktischen Beispielen bemerkten wir eine Weile später, wie nützlich es für das Ausrechnen sein kann, wenn man Kilo in Gramm verwandeln kann und umgekehrt.

Nach einer weiteren Woche, in der Carolin fleißig geforscht hatte, begannen wir, Wasser zu wiegen und entdeckten den Zusammenhang zwischen Kilo und Liter. Bald schon interessierten uns die Colaflaschen und die Milchpackungen. Wir waren bei Körpern und Volumina angelangt, obwohl dies in der Schule in der Form noch gar nicht im Lehrplan vorgesehen war. Carolin erzählte mir, dass die Lehrerin gestaunt hätte, was sie bereits über Quader und Gewichte wusste. Sie hat ein Spiel entdeckt: Nach jedem Einkauf schätzt sie, wie schwer die Einkaufstaschen sind. Kilo und Gramm hat sie seitdem nicht mehr verwechselt.

Im Jahr 2005 erweiterten wir unser Einzeltherapiestundenmodell. Jedes Therapiekind erhält seit dem jeden Monat zusätzlich ein

„Mathelive“-Projekt zusammen mit 4 anderen Kindern, weil es sich so bewährt hat.

Wir suchen nach Schätzen, fertigen Schatzkarten an, bauen Häuser und Windmessgeräte. Wir erfinden eigene Maßeinheiten und erforschen bestehende. Wir backen und kochen mit Rezepten aus Brüchen. Wir berechnen einen Maßstab für ein Modell der Erde mit den Satelliten und basteln es. Wir entkommen den feindlichen Agenten, weil wir berechnet haben, welcher Flächenanteil von einem Hektar kameraüberwacht ist. Wir haben sogar herausgefunden, wie die Flugbahn aussehen muss, mit der man Sonden zum Mars schießen kann. Das ist nur ein kleiner Teil aller Projekte, die wir bisher durchgeführt haben.
In nächster Zeit wird, aufgrund zahlreicher Anfragen eine Mathelive Mappe mit vielen Projektideen für verschiedene Altersgruppen im selben Verlag wie dieses Buch erscheinen.
Einmal im Jahr laden wir die Eltern statt der Kinder zum „Mathelive“-Projekt ein, damit sie selbst erleben können, wie erfolgreich man durch ein „Abenteuer“ lernen kann.

Es gibt so vieles, was man spielerisch im Alltag entdecken kann. Wir ermuntern die Eltern, solche Spiele gemeinsam mit ihren Kindern zu spielen und manchmal schätzen die rechenschwachen Kinder dann besser als ihre Eltern. Das macht Spaß!

Warum ist Frühförderung
und Früherkennung
so wichtig?

6. Warum sind Frühförderung und Früherkennung so wichtig?

In meiner langjährigen Tätigkeit als Therapeutin der Rechenschwäche begleite ich viele Kinder, die während ihrer Grundschulzeit mit ständigem Versagen zurechtkommen müssen. Auch für mich ist es nicht einfach, wenn ich sehe, wie mutlos und ängstlich viele Kinder anfangs auf meinem Sofa sitzen und sich davor fürchten zu rechnen. In Gesprächen, die ich mit Lehrern während ihrer Dyskalkulie-Ausbildung führte, trat ich immer für die Früherkennung ein. Wusste ich doch aus der Praxis, dass man einem rechenschwachen Kind in der 1. Klasse viel besser helfen konnte als in der 2., 3. oder 4. Klasse. Schon häufig hatten mir Mütter im Gespräch erzählt, dass sie schon in der 1. Klasse erkannt hätten, dass bei ihrem Kind mit dem Rechnen etwas nicht stimmte. Die Lehrer und Verwandten hätten sie aber für zu voreilig und etwas ängstlich empfunden. Ein Kind braucht Zeit, hieß es, es kann nicht alles gleich gut können.

Als ich aber durch viel Aufklärungsarbeit dann doch gelegentlich ein rechenschwaches Kind therapieren durfte, das erst am Ende der 1. Klasse stand, erkannte ich, dass auch dies manchmal schon sehr spät ist.

Ich dachte daran, Kindergartenkinder in ihrem letzten Kindergartenjahr zu testen und ihre mathematischen Fähigkeiten zu fördern. In einem Pilotprojekt erprobte ich die Wirksamkeit. Tatsächlich hatten 7 von 36 Kindergartenkindern massive Probleme mit den Zahlenmengen bis 10.

Vergleichen Sie folgende Abbildungen:

Eric, 6 Jahre, Kindergarten, hat sich sehr bemüht, 5 Schlucke in ein Glas zu zeichnen.

Marie-Ann, 6 Jahre, Kindergarten,
stellt ebenfalls 5 Schlucke in
einem 10er-Glas dar.

Die 29 anderen Kinder konnten es hingegen spielend. Mit meinen Wassergläsern rechneten sie sogar problemlos im 100er-Raum etwa 27 + 9 oder 65 + 30.

Eine spezielle 6-monatige Förderung der 7 Kinder, die zweifelsohne in der Grundschule eine leichte oder sogar schwere Rechenschwäche ausgebildet hätten, bewirkte erstaunliche Fortschritte. Nun konnten sich 6 von diesen 7 Kindern im Zahlenraum bis 10 genauso gut zurechtfinden wie die anderen 29. Ein Kind jedoch benötigte trotz Frühförderung noch intensivere therapeutische Begleitung.

Die Schwerpunkte der Frühförderung bezogen sich auf den Erwerb der Mengenbilder, zum Beispiel schütteten wir mit Wasser unsere Wassergläser voll. Wie sieht eine Menge 7 aus? Ist in einer Menge 7 eine andere Menge versteckt? Warum ist der Abstand zwischen 2 und 7 größer als der zwischen 5 und 7? „Weil Gero hier vielmehr weggetrunken hat als im Glas da drüben!“, rufen zwei Kinder.

Besonders gut gefiel mir, dass die Kinder schnell selbst Spiele erfinden konnten, wenn man sie experimentieren ließ. So schütteten sie Wassermengen und mischten gleichzeitig die Farben. Es gelangen wunderschöne Farbabstufungen. Auch ich fand es toll, zu sehen, wie viel Selbstbewusstsein die Kinder durch das Schütten gewannen. Manche trauten sich zuerst gar nicht zu schütten. Als ich sie zum Schütten ermutigte, erzählten mir einige, dass sie das zu Hause nicht dürften. Ich sagte...nicht viel. Sie konnten es gut und ich hatte das Gefühl, dass sie gerne mit mir spielten, weil ich ihnen etwas Schwieriges, vielleicht Unerlaubtes zutraute.

Darüber hinaus schulte ich die Fähigkeit der Kinder, sich Bilder im Kopf zu machen. Dies ist eine sehr wichtige Basiskompetenz für die angewandte Mathematik. Ich erzählte eine Geschichte von etwa

3 bis 4 Sätzen, danach spielten wir die Gegenstände und Personen so nach, wie wir es in unserem Kopf gesehen hatten. Ich verwendete Begriffe wie größer, kleiner, links, rechts, oben, unten, weit, nah, tief und hoch. Die Kinder versuchten, mit geschlossenen Augen das Gehörte wie in einem Fernsehfilm zu „sehen". So konnten wir uns alles einfach machen und es verstehen. Die Kinder hatten Spaß, nannten es „Fernsehen spielen". Ich habe gehört, dass manche Kinder von da an lieber Fernsehen spielten als tatsächlich fernzusehen.

Als dritten Schwerpunkt erarbeiteten wir das Konzept der „Mitte". Wo ist die Mitte von diesem Blatt Papier? Wo ist die Mitte des Zimmers, des Tisches, des Kindes? Wir überlegten uns, wer Recht haben könnte und wie wir es überprüfen sollten. Nach vielen Versuchen erkannten die Kinder die Logik der zwei gleichen Teile. So konnten sie dann mit Hilfe von Bändern jeden Teil „messen" und die Mitte prüfen oder finden. Die „Mitte" zu verstehen ist eine Grundfähigkeit für das spätere Rechnen, für das Schätzen von Mengen und natürlich auch für das Symmetrieverständnis in der Geometrie.

Die Erzieher erhielten eine Weiterbildung in der Frühförderung des rechnerischen Denkens. Sie konnten ihre Erkenntnisse durch ihre Anwesenheit während der Förderung vertiefen und praktische Erfahrung sammeln. So fühlten sie sich zunehmend in der Lage, Frühförderspiele mit der Wasserglasmethode® auch selbst durchzuführen und in den Kindergartenalltag zu integrieren.

Zusammenfassend zeigte das Projekt, dass Frühförderung im Kindergarten sinnvoll ist und ausgebaut werden sollte, um die mathematischen Probleme im Frühstadium zu beheben. Dies ist sehr kostengünstig, spielerisch und verhindert viel Leid.

An dieser Stelle möchte ich kurz auf das Frühförderkonzept „Zahlenland“ eingehen, das von Prof. Preis entwickelt wurde und zunehmend häufig, ebenso wie die Wasserglasmethode®, in Kindergärten eingesetzt wird.
Grundsätzlich ist Frühförderung ein wichtiger Schritt in die richtige Richtung – so auch das „Zahlenland“. Entscheidend ist jedoch, dass Kinder im Vorschulalter nicht nur zählen lernen, sondern Zahlen auch als räumliche und zeitliche Ausdehnung erleben, wodurch sie das kardinale Zahlprinzip erfassen. So können sie später das Kopfrechnen ohne zählende Strategien erlernen. Diesen Punkt fördert das Zahlenland nicht ausreichend. Die Wasserglasmethode® schafft das spielerisch und verhindert damit, dass Kinder in der Schule zu Dyskalkulikern werden. Wasser schütten macht Spaß und Kinder, deren Eltern das erlauben, fangen schon ganz früh damit an, diese wichtigen raumzeitlichen Erfahrungen zu machen. Solange bis nicht nur die Kinder komplett nass sind, sondern auch die Küche unter Wasser steht. Wenn ihr Kindergarten die Wasserglasmethode® nicht kennt, schütten Sie zu Hause, besonders mit den kleinen Geschwisterkindern ihres rechenschwachen Kindes. Betreiben Sie sinnvolle Prävention.
Ich hoffe, dass in Zukunft viele Kinder von einer Frühförderung profitieren werden, damit Lernen in der Schule nicht zum Alptraum wird.

Was erzählen betroffene Eltern und Kinder?

7. Was erzählen betroffene Eltern und Kinder

Ich freue mich sehr, dass sich einige der betroffenen Eltern und Kinder bereiterklärten, über ihre Erfahrungen zu berichten und ich möchte mich an dieser Stelle nochmals herzlich dafür bedanken, dass sie mir die Erlaubnis erteilten, ihre Berichte hier zu veröffentlichen:

Familie Wolf, Heidelberg

Es begann am 27. Januar 1992. Unser kleiner Sonnenschein Mareike erblickte das Licht der Welt. Alles war wunderbar.

Sie kam mit 3 Jahren in den Kindergarten. Dort begannen dann die Probleme. Eines Tages wurde ich in den Kindergarten zu einem Elterngespräch geladen. Dort wurde mir mitgeteilt, dass nach einigen Tests herauskam, Mareike benötige eine Ergotherapie. Ich konnte dies nicht recht glauben und begab mich zu meiner Kinderärztin. Weitere Tests folgten. Danach meinte die Kinderärztin, es sei alles in Ordnung.

Mareike kam dann mit 6 Jahren in die 1. Klasse. Alles schien in Ordnung. Im Zeugnis wurde in der Beurteilung nur geschrieben, sie könne Mathematikaufgaben nur mit Hilfsmitteln lösen. In der 2. Klasse kam sie dann in einen Förderkurs für Lese-Rechtschreibschwäche. Als wir zuhause die Hausaufgaben machten, bemerkte ich, dass sie einfache Rechenaufgaben nicht verstand. Sie brachte unvorstellbare Ergebnisse heraus wie zum Beispiel 5 + 3 = 20.

Zuerst beschimpfte ich sie, sie sei faul und solle sich anstrengen! Ich hätte Mareike manchmal am liebsten durchgeschüttelt. Sie blockte dann, wenn es ums Lernen ging, total ab und hatte oft Tränen in den Augen.

Sie wurde in der Schule dann durch eine Beratungslehrerin getestet. (Auf das Gespräch warte ich heute noch!) Ich konnte es nicht fassen, dass Mareike überhaupt kein Zahlenverständnis hatte.

Der Verzweiflung nahe suchte ich Rat beim schulpsychologischen Dienst. (Leider wieder eine Pleite!) Dort gab man mir Informationsmaterial mit, worauf ich dann auf Frau Schlotmann aufmerksam wurde. Ich nahm dann die Lage selbst in die Hand, rief bei Frau Schlotmann an und schilderte ihr die Situation, worauf wir einen Termin vereinbarten. Sie testete Mareike und wir hatten endlich Klarheit – Dyskalkulie.

Zum Glück wurde ich schon früh darauf aufmerksam. Wir leiteten die Therapie ein.

In der 3. Klasse fing das Fiasko erst richtig an. Wir wurden vor die Tatsache gestellt, dass Mareike in eine Förderschule (Sonderschule) gehen solle; zunächst nur für 14 Tage. Es folgte ein Gespräch mit der Lehrerin der Förderschule, der ich dann erklärte, sie beiße bei mir auf Granit, denn wenn Mareike erst einmal dort wäre, käme sie garantiert nicht mehr in die normale Schule zurück.

Eine Kinderpsychologin erklärte mir dann, dass sie nicht in die Förderschule gehen müsse.

Ich hatte den Eindruck, dass die Schule Mareike nur abschieben wollte, da sie ein Problemfall war.

Schließlich erklärten wir uns einverstanden, dass Mareike die 3. Klasse freiwillig wiederholt. Im Nachhinein betrachtet, hat sich meiner Ansicht nach dieser Entschluss als richtig erwiesen. Sie fasste Fuß und schrieb etwas bessere Noten, was ihr unheimlich Auftrieb gab.

Sie ist inzwischen in der 5. Hauptschulklasse, jedoch in einer anderen Schule, und hat sogar schon 2er in der Mathearbeit geschrieben.

Ich denke, durch gezielte Rechentherapie haben wir schon große Fortschritte gemacht. Ich bin zu der Erkenntnis gekommen, dass man viel erreichen kann, wenn man sein Kind gut beobachtet und dann die Selbstinitiative ergreift, wenn es Probleme gibt.

Von der Schule erhält man am wenigsten Unterstützung, es fehlt einfach an den Lehrern und der Zeit, sich mit Problemkindern auseinander zu setzen.

Familie Günzel, Einhausen

Meine Tochter geht in die 3. Klasse und schon im 1. Schuljahr habe ich bemerkt, dass der Umgang mit Zahlen für sie ein Problem darstellte.

Dyskalkulie war für mich bis dato kein Begriff und mein Mann und ich waren anfangs auch ein wenig skeptisch, ob eine „Therapie" denn so sinnvoll sei. Mittlerweile ist Alisa schon über 2 Jahre bei Frau Schlotmann im Rechen-Therapie-Zentrum.

Anfangs wurde erst einmal ihr Selbstwertgefühl gestärkt und spielerisch hat man ihr systematisch die Angst vor Zahlen genommen. Es gibt keine Panik mehr vor Mathearbeiten und die Hausaufgaben werden schnell und vor allem selbstständig erledigt. Seit einem Jahr bin ich bei jeder Therapiestunde dabei. Der Vorteil ist, ich kann mir die Art und Weise, wie meiner Tochter das „Rechnen" beigebracht wird, aneignen und zuhause spielerisch die eine oder andere Aufgabe mit Alisa zusammen lösen.

Kinder, die Dyskalkulie haben, brauchen sehr viel Anschauungsmaterial, um die Vorgehensweise in der Mathematik zu „begreifen". Selbst gemachte Puzzles, ein riesengroßer Zahlenstrahl auf Tapetenrollen, die Wassergläser oder einfach nur lustige Zahlenkärtchen wirken Wunder. Die Anregungen hierfür bekomme ich nach jeder Therapiestunde von Frau Schlotmann, die immer passend für den jeweiligen Unterrichtsstoff sind.

Ich selbst war auch nie ein Mathegenie und ich finde es echt jedes Mal aufs Neue spannend, wie man doch anders, aber eigentlich ganz einfach Mathe erklären und begreifen kann.

Alisa geht gerne ins Rechen-Therapie-Zentrum, ihre schulischen Leistungen in Mathe sind gut. Ihr letzter Berufswunsch – Mathematiklehrerin – bestätigt uns nur, dass wir mit einer Rechentherapie den richtigen Weg gewählt haben.

Eine Mutter aus dem Rhein-Neckar-Kreis, die anonym bleiben möchte

Christian ist unser zweites Kind. Sein Bruder Alexander ist vier Jahre älter. Alexander konnte im letzten Jahr vor der Schule schon im zweistelligen Bereich rechnen, ohne dass ihm das jemand beigebracht hätte.

Bei Christian war das anders. Vor Beginn der Schulzeit stellte ich ihm gelegentlich kleine Rechenaufgaben, um zu testen, ob er schon ein wenig rechnen kann. Christian hatte überhaupt keine Lust zu rechnen. Wenn ich auf das Lösen der Aufgaben bestand, merkte ich, dass es für ihn äußerst schwierig war, zum Beispiel vier und drei zu addieren oder sieben und zwei zu subtrahieren. Da die Kindergärtnerin ihm Schulreife bescheinigt hatte, fragte ich sie, was davon zu halten sei. Sie meinte, das Kind müsse nicht rechnen können, dies werde in der Schule vermittelt. Trotz dieser Aussage blieb bei mir ein ungutes Gefühl zurück. Ich fragte eine mir bekannte Kinderpsychologin, ob Kinder bei Schulbeginn rechnen können, sie erklärte mir, dass ein sechsjähriges Kind normalerweise im Zahlenraum bis zwölf rechnen kann. Ungefähr zu dieser Zeit erfuhr ich auch über die Medien, dass es Kinder mit einer so genannten Rechenschwäche gibt, das heißt, dass diese Kinder aufgrund einer fehlenden Mengenvorstellung nicht rechnen können.

Als die Schule dann anfing, gestaltete sich das Rechnen äußerst schwierig. Christian konnte seine Hausaufgaben im Rechnen nicht allein machen, trotz meiner Hilfe kam es zu keinen Fortschritten. Ich hatte den Eindruck, dass er überhaupt nicht wusste, was er machen sollte und keinerlei Bezug zu Zahlen hatte. Die Lehrerin machte häufig ein Spiel: Alle Kinder stellten sich auf eine Seite und sie stellte eine Rechenaufgabe. Wer zuerst die Lösung wusste, durfte auf die andere Seite. Den verbleibenden Kindern wurde dann eine neue Aufgabe gestellt. Christian war immer unter den drei letzten Kindern. Einmal sagte er ganz traurig: „Ich bin der Blöde!"

Da wir nicht bereit waren, diese ungute Situation auf Dauer mitzumachen, beschlossen wir, Christian testen zu lassen, um herauszufinden, was los war. Wie wir wussten, führte die Arbeiterwohlfahrt umfassende Tests bei Kindern mit Schulproblemen durch. Wir meldeten ihn Ende November an. Leider bestanden lange Wartezeiten, sodass wir erst im März des darauf folgenden Jahres einen Termin bekamen.

In der Zwischenzeit gestalteten sich die Hausaufgaben im Rechnen weiterhin schwierig. An Tagen, an denen ich die notwendige Geduld nicht im erforderlichen Umfang aufbringen konnte, kam mir mein Kind einfach nur noch begriffsstutzig vor. Gelegentlich beschlich mich die Angst, dass die Lehrerin mich einbestellen würde, um mir zu erklären, dass mein Kind auf die Förderschule gehöre. Um dem zuvorzukommen, suchte ich das Gespräch mit der Lehrerin. Sie hatte einen guten Eindruck von Christian, berichtete aber auch von starken Schwächen beim Rechnen.

Endlich kam der März und Christian wurde getestet. Der Test dauerte drei Stunden. Auf das Testergebnis mussten wir noch einmal sechs Wochen warten. Wie wir bereits vermutet hatten, lag eine Rechenschwäche vor. Er erzielte beim Rechnen einen Gesamtprozentrang von acht nach den Normen der ersten Klasse, d.h., dass 92 % der Kinder seiner Altersklasse besser rechnen konnten als er. Ansonsten lagen zu unserer Erleichterung keine Störungen vor. Seine Intelligenz lag im oberen Durchschnittsbereich. Wir erhielten den Rat, Christian in eine Rechentherapie zu geben und die Adresse des Rechen-Therapie-Zentrums Schlotmann.

Hier gab es zum Glück keine Wartezeiten und Christian konnte Mitte Juni, d.h. am Ende der ersten Klasse, mit der Therapie beginnen. Es wurde uns berichtet, dass eine Rechenschwäche therapierbar sei und das Kind durchaus eine seiner Intelligenz entsprechende Rechenbegabung erlangen konnte. Günstig war auch, dass wir die Rechenschwäche vergleichsweise früh entdeckt hatten. Die meisten Kinder erhalten die Diagnose erst in der dritten Klasse oder später.

Ich teilte der Lehrerin mit, dass Christian eine Rechenschwäche habe. Sie reagierte hierauf zwar positiv, irgendwelche Rücksichten im Unterricht wurden jedoch nicht genommen; das für Christian unerfreuliche Rechenspiel gab es weiterhin.

Die zweite Klasse begann und Christian erhielt eine neue Lehrerin. Jetzt hörte das Rechenspiel auf, sodass Christian nicht ständig als schlechter Rechner vorgeführt wurde. Noch gab es keine Noten, es wurden jetzt aber die ersten Arbeiten geschrieben. In den ersten Arbeiten hatte Christian circa 50 % der Aufgaben richtig. Die Hausaufgaben waren für ihn immer noch schwierig, dies beunruhigte mich jedoch nicht mehr so sehr wie vorher. Durch den Test hatte sich die Situation deutlich entspannt, ich traute meinem Kind wieder mehr zu.

Nach und nach zeigte die Rechentherapie Wirkung. Die Hausaufgaben gestalteten sich einfacher. Christian lernte langsam das Rechnen. Am Ende der zweiten Klasse machte er ungefähr 75 % der Aufgaben richtig. In der dritten Klasse, kurz vor Weihnachten, beendeten wir die Therapie. Christian schrieb jetzt überwiegend die Note 2.

Gegen Ende der dritten Klasse begannen sich Christians Noten wieder zu verschlechtern. Jetzt wurden viele Textaufgaben geschrieben, die ihm Probleme bereiteten.

Als zu Beginn der vierten Klasse ein regelrechter Absturz erfolgte, nahmen wir wieder die Hilfe des Rechen-Therapie-Zentrums in Anspruch. Durch die anschaulichen Erklärungen kam es recht rasch wieder zu einer Besserung.

In der Mitte des Schuljahres stand die Entscheidung an, ob Christian das Gymnasium oder die Realschule besuchen sollte. Einerseits wünschten wir uns für unser Kind das Abitur, andererseits wollten wir Christian nicht überfordern und überlegten, ob der Weg über die Realschule der bessere wäre. Um Klarheit zu erlangen, ließen wir ihn noch einmal testen. Der Test ergab, dass die Rechenschwäche behoben war. Christian hat jetzt eine durchschnittliche rechnerische Begabung. Dadurch ermutigt, haben wir ihn in einem Privatgymnasium angemeldet.

Leider ist die Rechenschwäche als Störung in den Schulen nicht anerkannt. Einen Notenschutz wie bei der Legasthenie gibt es nicht. Ich würde mir wünschen, dass ein Rechentest zu den Vorsorgeuntersuchungen im Kindergarten gehört und dass auch die Lehrer in der Lage sind, eine Rechenschwäche zu erkennen. Bis jetzt hängt die Entwicklung dieser Kinder überwiegend vom Engagement der Eltern ab. Ein rechtzeitiges Erkennen dieser Teilleistungsstörung würde die betroffenen Eltern und Kinder vor Schulstress bewahren sowie die Kosten der – dann kürzeren – Therapie senken, die beträchtlich sind.

So könnten sich rechenschwache Kinder besser entwickeln.

Christiane Edinger

Am 04. 06. 1992 wurde unsere Tochter Marijke geboren. Ihre Kindergartenzeit war völlig normal und sie ist ein fröhliches Kind, hat immer gute Laune und lacht gern.

Schon in der Vorschulzeit, die wir auf Empfehlung des Staatlichen Schulamtes bereitwillig eingegangen waren, zeigten sich bei Marijke unterdurchschnittliche Entwicklungen bei allem, was mit Zahlen zu tun hatte.

Im ersten Schuljahr, was für Marijke schon eine Qual war, kamen die Probleme mit den Zahlen richtig zur Geltung. Gesundheitliche Probleme, die wir auf die Psyche zurückführten, kamen hinzu, wie Kopfweh, Bauchschmerzen, später noch Übelkeit und Erbrechen.

Zurückhaltung war ihr erstes Gebot, auch in anderen Fächern, obwohl sie dort wenig Probleme hatte, wie sich später herausstellte.

Die Angst nichts zu können mussten wir ihr mit Engelszungen ausreden und motivierten sie für die anderen Fächer, in denen es keine Angst vor Schwäche gab.

Unsere Versuche, Zahlen zu büffeln, die Uhr lesen zu lernen und die Konzentration zu stärken, waren leider alles Fehlschläge, wir wussten keinen Rat mehr.

Eine erneute Prüfung, nahegelegt durch die ehemalige Klassenlehrerin, ergab eine visuelle Wahrnehmungsstörung und einen IQ-Wert im Lernbehindertenbereich. Wir bekamen die Empfehlung, Marijke in eine Sonderschule zu versetzen, weil dies, so die Klassenlehrerin, die beste Lösung wäre. (Kein Mensch erwähnte das Wort Dyskalkulie, geschweige denn, was für Möglichkeiten es gibt, dass ein Kind mit einer Lernbehinderung dieser Art dennoch auf eine Regelschule gehen kann.) Wir schickten also Marijke von nun an auf eine Sonderschule.

Und da fingen für uns die Probleme erst richtig an. Denn nun ließen auch die Leistungen in den problemfreien Fächern stark nach und Marijke hatte nun gar keine Lust mehr auf die Schule. Krank spielen und die üblichen Ausreden wie Bauchweh, Kopfweh u.s.w. waren wieder an der Tagesordnung. Nachhilfe, Hausaufgabenbetreuung war alles nichts.

Wir hatten den Glauben an unser Kind, aber schulisch versagte Marijke immer mehr, wie bestimmt viele in unserer Gesellschaft, und keiner hilft.

Durch einen Zufall stießen wir im Internet auf das Zauberwort Rechenschwäche. Wir begriffen so langsam, dass es sich gar nicht um einen Unwillen unseres Kindes handelte, sondern dass es tatsächlich nichts mit Zahlenmengen anfangen konnte. Und es fiel uns wie Schuppen von den Augen. (Gelobt sei das Internet.) Nun begann die Suche nach einer geeigneten, professionellen Hilfe zur Selbsthilfe. In einem Gespräch mit einer Kundin, einer ehemaligen Lehrerin, erfuhren wir die Adresse von Frau Schlotmann.

Heute merken wir in Zusammenarbeit mit Frau Schlotmann und durch das Eigenengagement in der Familie Besserung und Stärkung der Leistungsbereitschaft und ein gesteigertes Selbstbewusstsein unserer Tochter. Rückblickend stellen wir fest, wir wussten eigentlich gar nichts.

Und keiner klärt auf und berät im Sinne des Kindes, sodass die Dunkelziffer der Ahnungslosen sehr groß sein muss. Verlässt man sich im Hinblick auf Bildung, Ausbildung und Zukunft im weiteren Leben auf die hoch gelobten staatlichen Einrichtungen, ist man verlassen.

Heute, nach drei Jahren Sonderschule und einem Jahr Therapie bei Frau Schlotmann, wird Marijke (zumindest probehalber) wieder in eine Hauptschule gehen, was ohne Therapie, Aufklärung und Beratung im Sinne des Kindes sicher nicht möglich gewesen wäre. Uns ist bewusst, dass dieser Weg noch nicht zu Ende ist. Es gibt noch viel zu tun.

Die folgenden Gesprächsprotokolle stammen von Kindern, die sich zur Zeit in Rechentherapie befinden:

Kathrin, 10 Jahre, 4. Klasse Grundschule
der Name des Kindes wurde geändert

Damals, in der 1. Klasse, war ich in Mathe sehr gut. Es war mein Lieblingsfach. Aber dann kam ich in die 2. Klasse und ich bekam langsam Probleme in Mathe.

Ich wurde in eine Art Krankenhaus gebracht. Später erfuhr ich, dass ich Rechenschwäche hätte und von da an war Mathe kein Lieblingsfach mehr von mir.

In der 3. Klasse merkte ich es dann extrem. Ich schrieb schlechte Arbeiten, manchmal sogar 4er und 5er. Aber meine Eltern haben mich trotz der Rechenschwäche immer unterstützt. Als es dann richtig schlimm wurde, kam ich in eine Rechentherapie. Wenn man in der Schule dran kommt in Mathe, sind alle Sachen schwer zu verstehen. Ich habe viel komplizierter gedacht und gerechnet. Ich brauchte viel länger. Es war peinlich! „Oh, bitte, komme ich jetzt nicht dran!“, habe ich immer gedacht. In der letzten Zeit weiß ich eigentlich immer die richtige Antwort, weil ich jetzt besser bin. Ich melde mich auch wieder gern. Man hat Angst, dass alle einen hänseln, und dann denkt man nur daran und sagt auf einmal das Falsche, obwohl man eigentlich die richtige Antwort weiß.

Jetzt bin ich in der 4. Klasse und in Mathe bin ich viel besser geworden und ich schreibe auch wieder gute Noten.

Laura, 12 Jahre, 6. Klasse Realschule
der Name des Kindes wurde geändert

Wenn man eine Rechenschwäche hat, fühlt man sich manchmal ausgeschlossen, wenn die Anderen über ihre guten Arbeiten diskutieren und über ihre verschiedenen Rechenwege. Man selbst kann aber gar nicht mitreden, weil man nicht so viel davon versteht.

Am schlimmsten fand ich, dass ich immer alles versucht habe, aber die Noten wurden nicht besser. Meine Eltern haben mir immer stundenlange Vorträge über meine Zukunft gehalten, aber ich konnte nichts tun. Das ständige Üben hat nichts gebracht. Im Unterricht habe ich oft Stress. Die Anderen sollen nicht merken, dass ich immer noch mit den Fingern zählen muss, auch beim Einmaleins bin ich immer noch zu langsam. Ohne Nachzählen habe ich aber nie die Sicherheit, dass das Ergebnis wirklich stimmt. Meine Schwester hat mich oft gehänselt, weil sie selbst immer gute Noten in Mathe schreibt. Sie ist noch dazu jünger als ich und das macht mir arg zu schaffen.

Auch die Lehrer könnten einem das Leben erleichtern, wenn sie nicht so durch die Formeln hetzen würden. Sie erklären nur so lange, bis es die besseren Schüler verstehen. Oft suchen sie nur die schwersten Aufgaben heraus.

Einmal möchte ich auch so gut sein wie die anderen. Dazu muss ich aber noch Kopfrechnen üben und mich trauen, auch über schwierige Aufgaben nachzudenken.

Besonders wichtig ist es, dass ich nie den Mut verliere, dass ich an mich glaube und darauf vertraue, dass es einmal besser wird.

Uli, 9 Jahre, 3. Klasse Grundschule
der Name des Kindes wurde geändert

In der dritten Klasse ist Mathe schwerer geworden. Wenn mich die Lehrerin dran nimmt, ist es schon schwierig, man muss so lange denken.

Man ist aufgeregt und hat Angst, dass man es nicht richtig rechnet. Wenn man das Falsche sagt, ist man traurig oder verärgert. Ich bin erstaunt, wenn andere das so schnell können. Die haben bestimmt mehr geübt. Wenn ich der Lehrer wäre, würde ich nicht so schwierige Aufgaben stellen. Ich würde mehr Fenster machen, damit es mehr Licht gibt. Ich würde eine längere Pause machen, die sind zu kurz. Ich würde sehen, dass alle in der Pause sich mehr vergnügen könnten. Kleine Hefte würde ich kaufen, nicht so große Hefte. Die kleinen Kinder brauchen kleine Hefte, weil sie selbst so klein sind. Ich würde nicht so lange Matheunterricht machen, da müssen sich die Kinder so anstrengen. Ich würde nur Klassenarbeiten mit 1 bis 2 Seiten schreiben, nicht so lange. Dafür würde ich den Sportunterricht länger machen, weil im Sport haben wir immer so einen Spaß!

Frau Richter, Raum Heidelberg
Es gibt immer einen Weg

Bereits in der Grundschule zeichnete sich ab, dass unsere Tochter nicht zu den Stärksten im Fach Mathematik gehören würde. Entsprechend bekam sie am Ende ihrer Grundschulzeit keine Empfehlung für eine weiterführende Schule, obwohl ihre sonstigen Leistungen durchweg den Anforderungen für den Realschulbesuch entsprachen. Erst in der 6. Hauptschulklasse schaffte sie den Wechsel. Ihre Schwäche in Mathematik setzte sich, trotz mehrjähriger professioneller Nachhilfe, fest. Wir waren verzweifelt! Kontinuierlich nahm auch die Motivation sich anzustrengen ab, es lohnte sich ja nicht!
Zum Ende der 9. Realschulklasse hörte ich zufällig vom Begriff der Dyskalkulie. Viele offene Fragen schienen erklärbar, doch was war nun zu tun? Das Heidelberger Legastheniezentrum verfügte über eine Fachkraft, die bereits Kinder im Grundschulalter hilfreich unterstützte. Doch zu meinem Entsetzen erfuhr ich, dass man bislang keine Erfahrungen mit Jugendlichen hatte und somit auch keine Therapieform für dieses Alter existierte.
In dieser belasteten Zeit traf ich mit einer Bekannten zusammen, der das Problem der Dyskalkulie bekannt war. Sie erinnerte sich an ein betroffenes Mädchen, das diese Schwierigkeit mit Hilfe einer Therapie überwunden hatte. Ein Telefonat mit dessen Eltern bestätigte dies. Mit ungläubigem Staunen hörte ich von der Wandlung einer „schlechten“ zu einer Topschülerin in Mathematik.

Voller Hoffnung kontaktierte ich das Rechen-Therapie-Zentrum in Hirschberg, die Ursache der Wandlung. Es folgte eine ausgiebige Diagnose mit dem ernüchternden Ergebnis einer tatsächlich vorhandenen Dyskalkulie. In einem Gespräch teilte uns Frau Schlotmann mit, dass bei einer Therapie mit der Wasserglasmethode durchaus mit einem positiven Ergebnis gerechnet werden könne. Also wagten wir den Schritt. Die Methode und das Verständnis dafür legten bei unserer Tochter das Fundament, welches die Schule nicht zu erreichen vermochte. Des Weiteren wuchs ihre Zuversicht und ihr Selbstvertrauen wieder Leistung erbringen zu können und so schreibt sie tatsächlich nach etwa einem Jahr Therapie gute bis sehr gute Noten.

Welchen Stellenwert hat Mathe in der Erziehung?

8. Welchen Stellenwert hat Mathe in der Erziehung?

Wir erziehen unsere Kinder und bringen unseren Kindern im Laufe ihrer ersten Lebensjahre sehr viele Dinge bei. Wir fördern sie im Bereich der Musik, wir bieten ihnen Sport an, wir erklären ihnen wie Pflanzen heißen, wir zeigen ihnen Tiere, wir bringen ihnen viele Zusammenhänge näher, die unser Alltagsleben ausfüllen. Wir fahren in Urlaub und übersetzen unseren Kindern einfache Vokabeln wie bitte und danke, wie hallo und auf Wiedersehen in die fremde Sprache. Wir legen großen Wert darauf, dass unsere Kinder sich grammatikalisch richtig ausdrücken und wir verbessern sie, wenn dies notwendig ist. Wir bringen ihnen immer wieder neue Fachbegriffe und Überbegriffe näher. Wir kümmern uns um ihre soziale Entwicklung, wir zeigen ihnen wozu Streit führt, dass man mit einem Spielkameraden teilen soll. Wir bemühen uns um angemessene, gesunde Ernährung, um Pflege. Wir besuchen mit unseren Kindern zahlreiche Vorsorgeuntersuchungen, um sie gesundheitlich auf einem hohen Niveau zu halten. Was wir nicht oder kaum tun, ist ihnen naturwissenschaftliche Phänomene zu lehren, sie in die Welt der Mathematik zu führen. Wir erklären unseren Kindern zum Beispiel viel seltener, wie weit wir gerade gegangen sind, wie lange wir schon unterwegs waren, wie schnell wir im Auto fahren, wie viele Blätter wohl ein Baum hat, den wir im Wald sehen oder wie lange eine Blume brauchte, um auf der Wiese zu wachsen. Wir fragen uns nicht, wie lange es dauert bis das einlaufende Wasser die Badewanne füllt und dass das wohl kaum nur drei Liter sein können, die jene fasst. Wir sind selbst gelegentlich überfordert, die Dosierung eines Düngemittels im Blumenwasser sofort richtig vorzunehmen, wenn die Tabelle nur eine Möglichkeit beschreibt, die nicht zu unserer Gießkannengröße passt, geschweige denn, dass wir unsere Kinder damit konfrontieren. Der „klassische" Vater steht auf PS und PC und was wissen seine Kinder über Beschleunigung und Bytes?

In der Regel ist es uns zu anstrengend, Kinder zum Einkaufen mitzunehmen und mit ihnen gemeinsam herauszufinden, welche Lebensmittel billiger und teurer sind, ob das Werbefinten sind, mit denen versucht wird, uns reinzulegen. Wir besprechen mit unseren Kindern kaum unsere finanzielle Situation, wir lassen sie die Telefonabrechnung nicht nachrechnen. Wir verstehen selbst manchmal die komplexe und verwirrende Darstellung des Verbrauchs in unserer Stromabrechnung nicht, weil wir uns darum nicht bemühen oder uns auch oft die Zeit nicht nehmen, geschweige denn, dass wir unsere Kinder diesbezüglich informieren.

Das Gewicht der Früherziehung liegt ebenso kaum oder wenig in naturwissenschaftlichen Bereichen. Sieht man in den Kindergarten, wird auch da soziale Kompetenz, Kunst, Motorik, Feinmotorik, Sprache, Musik und vieles mehr geschult, aber fragen Sie ein Kind wie viel es wiegt und wie viel Sie selbst dann wohl wiegen, es wird Ihnen in der Regel über solche Angelegenheiten viel seltener Auskunft geben können als über andere Bereiche des alltäglichen Lebens.

Da ist es nicht verwunderlich, dass unsere Kinder keinen Bezug zu Logik und zu mathematischen Sachverhalten entwickeln und sich mit Größen und Maßeinheiten so schwer tun, außer wenn sie von vornherein mit einer sehr hohen Begabung im Bereich der mathematischen Logik gesegnet sind und diese sich unaufhaltsam einen Weg in ihr Leben bahnt.

Nationale und internationale Studien belegen, dass unsere naturwissenschaftlichen Kompetenzen zu gering ausgeprägt sind.

Wir unterrichten unsere Kinder in der Schule offensichtlich mit Methoden, die zu geringe naturwissenschaftliche Entfaltung und Erkenntnisse ermöglichen.

Deshalb ist es eine große Aufgabe unserer Gesellschaft diese Bereiche etwas stärker zu betonen und uns zu überlegen, wie wir das therapeutisch tun können, damit es auch fruchtet! Bei der zukünftigen Entwicklung der Altersverteilung in unserer Gesellschaftspyramide ist es um so wichtiger, dass wir die wenigen Kinder, die wir noch zeugen, ganz besonders gut ausbilden. Sie werden unsere Zukunft bestimmen und sie sollten gut für zukünftige Probleme gerüstet sein. Sie werden Lösungen finden müssen und sie werden Entscheidungen fällen müssen.

Sie werden Prioritäten setzen, die sie anhand der Ergebnisse mathematischer Simulationsrechnungen auswählen, weil die Anzahl der Variablen komplex und miteinander vernetzt sind. Auch im wirtschaftlichen Bereich, dem Streben nach materiellem Wohlstand, wird es notwendig sein, über mathematisch-logische Zusammenhänge Bescheid zu wissen – nicht nur über Dreisatz und Funktionen, sondern auch über darüber hinausgehende, komplexe Berechnungen, die auch Wahrscheinlichkeiten und Prognosen berücksichtigen.

„Wir können es uns in Zukunft nicht leisten, eine sehr kleine elitäre Gruppe von Experten mit komplexen Aufgaben zu betrauen und die große Masse schlecht gebildet und informiert darüber abstimmen zu lassen."

Wir können es uns nicht leisten, dass junge Menschen keine Ausbildungsplätze bekommen, weil sie naturwissenschaftliche Zusammenhänge nicht begriffen und mit einer „5 in Mathe" die Schule abgeschlossen haben. Wir können es uns nicht leisten, dass ausbildende Betriebe Lehrlinge trotz hoher „Strafabgaben" abweisen, weil sie diese ohne mathematisch-naturwissenschaftliche Grundkenntnisse nicht einsetzen können. Wir benötigen eine mathematisch gebildete Bevölkerung, die durch ihr Verständnis Übervorteilung durchschaut und gegen Manipulation gewappnet ist. Nur Verständnis birgt jenes Engagement, das wir alle benötigen, um an Verantwortungsbewusstsein über unsere Grenzen hinauszuwachsen.

Die im Laufe der Kindheit erworbene Experimentierfreude, der Forschergeist und die Basisfähigkeiten sind der Grundstein, das Fundament, für alles weitere, für das aufbauende Verständnis bis hin zu den kniffeligsten, kompliziertesten mathematisch-logischen Zusammenhängen.

Die ganze Gesellschaft ist daran beteiligt, wenn ein Kind an Mathe scheitert: Der Schüler, der Lehrer, seine Umwelt, seine Eltern. Wir dürfen keine Gruppe zu der erklären, die daran schuld ist oder hauptsächlich daran schuld ist.

Wir sollten uns vielmehr bemühen, miteinander zusammenzuarbeiten, um solche Probleme zu lösen. Wir sollten erkennen, dass gegenseitige Schuldzuweisungen niemals dazu führen, dass eine Situation sich bessert.

Wir sollten unsere Kreativität und Kraft dafür einsetzen, dass wir unsere Kinder so erziehen und schulen, dass sie mit Freude, ohne Angst und Schwierigkeiten verstehen und lernen.

Um dieses Ziel zu erreichen, ist es notwendig, dass wir die Erzählungen der Kinder, ihre Wünsche und Ängste stets ernst nehmen! Vielleicht beginnen wir dann, manche Strategie, die wir bislang verwendet haben, um den Kindern etwas beizubringen, zu überdenken und zu verbessern.

Danksagung

Ich möchte mich bei meiner *Familie* dafür bedanken, dass sie mir die Zeit und die Kraft gab, dieses Buch zu schreiben.

Außerdem danke ich *Walther*, *Anke*, *Oli* und *Christian* für ihre großzügige Unterstützung. Den Eltern danke ich für ihre Offenheit in Gesprächen und den Kindern danke ich dafür, dass sie mich so oft zum Lachen und zum Nachdenken gebracht haben.

Dieses Buch zu schreiben erlebte ich wie die Geburt eines Kindes. Man trägt es Monate lang mit sich herum und kann – wenn es erscheint – selbst kaum glauben, dass man das geschafft hat. Ich bin stolz und glücklich und ich danke euch allen von Herzen.

Literaturverzeichnis:

Sämtliche Ausführungen, Formulierungen, Beobachtungen und Schlussfolgerungen stammen ausschließlich von der Autorin vorliegenden Buches. Gegenüberstellungen mit anderen Autoren und deren Publikationen, die im Text aufgeführt werden, sind an der jeweiligen Stelle des Fließtextes direkt erwähnt.

Im **SUPPERVERLAG** sind außerdem erschienen:

Bücher:

A. Schlotmann, Kein Kind soll an Mathe scheitern. Das Übungsbuch 1. Erste mathematische Schritte, addieren und subtrahieren., Supperverlag 2005.

A. Schlotmann, Kein Kind soll an Mathe scheitern. Die Uhr. Dödl Dumpf entdeckt die Uhr. Supperverlag 2005.

A. Schlotmann, Kein Kind soll an Mathe scheitern. Das Übungsbuch 2. Erste einfache Text- aufgaben, multiplizieren und dividieren., Supperverlag 2006.

Lernmaterialien:

Mathekoffer: Die originalen Wassergläser zur Therapie der Rechenschwäche, von Dipl. Psych. Angelika Schlotmann, im stabilen Koffer.

Die originalen Wassergläser sind auch einzeln in größerer Stückzahl erhältlich

Dödl Dumpf Uhr: Eine speziell von Dipl.- Psych. Angelika Schlotmann entwickelte Küchenuhr, die eine echte Hilfe ist, um das „Drama“ mit der Uhr erfolgreich zu beenden.

In Vorbereitung:

A. Schlotmann, Kein Kind soll an Mathe scheitern. Die Wasserglasmethode® zur Prävention und Therapie der Rechenschwäche. Dödl Dumpf entdeckt die Brüche, Supperverlag erscheint voraussichtlich 2008.

A. Schlotmann, Kein Kind soll an Mathe scheitern. Die Wasserglasmethode® zur Prävention und Therapie der Rechenschwäche. Dödl Dumpf's Mathelive Projekte, Supperverlag erscheint voraussichtlich 2008.

A. Schlotmann, Kein Kind soll an Mathe scheitern. Die Wasserglasmethode® zur Prävention und Therapie der Rechenschwäche. Dödl Dumpf und der Dreisatz, Supperverlag erscheint voraussichtlich 2009.

A. Schlotmann, Kein Kind soll an Mathe scheitern. Die Wasserglasmethode® zur Prävention und Therapie der Rechenschwäche. Dödl Dumpf begreift Funktionen, Supperverlag erscheint voraussichtlich 2009.

Markenrechtliche Informationen:

Die Wasserglasmethode® ist vom Deutschen Patentamt markenrechtlich geschützt worden. Die Kennzeichnung „Wasserglasmethode®“ (Wortmarke) ist unter der Registernummer 305 44 354 beim Deutschen Patent- und Markenamt eingetragen. Frau Schlotmann hat ihre Methode bewusst publiziert, um sie möglichst vielen Eltern von betroffenen Kindern zugänglich machen zu können. Die private, unentgeltliche Nutzung der Methode ist erwünscht und ohne Lizenz erlaubt. Frau Schlotmann freut sich jedoch über die Anbringung eines Schutzrechtshinweises „®“. Die öffentliche, gewerbliche, pädagogische, heilpraktische oder therapeutische Nutzung bedarf einer Lizenz von Frau Schlotmann.

Die Lizenz zur Nutzung der Wasserglasmethode® kann jeder erhalten, der seine pädagogische oder therapeutische Eignung und eine zusätzliche Ausbildung und Zertifizierung in der Wasserglasmethode® nachweisen kann.

Je nach besonderer Situation des Lizenznehmers oder der schulischen Institution vergeben wir auf Anfrage auch zeitlich begrenzte, kostenfreie Probelizenzen.

Weitere Informationen zu den Themen

- Dyskalkulie und Forschung
- Aus- und Weiterbildung in Dyskalkulietherapie nach Schlotmann, Vorträge, Workshops, Arbeitsgruppen und Supervisionen
- Zertifizierung in der Wasserglasmethode® und Vergabe von Lizenzen
- Frühförderung im Kindergarten
- Therapie für Kinder außerhalb unseres Einzugsgebietes.

erhalten Sie unter folgender Adresse:

Angelika Schlotmann
Rechen-Therapie-Zentrum
Winzerweg 2e
69493 Hirschberg a. d. Bergstraße
Email: Angelika.Schlotmann@rechen-therapie-zentrum.de
Internet: www.rechen-therapie-zentrum.de

Wenn Sie Erfahrungen mit meinen Therapiematerialien und meinen Methoden gemacht haben, schreiben Sie mir. Ich freue mich über jeden Austausch und über jede Anregung.